Transteatro

Entre, a través y más allá del Teatro

Domingo Adame y Nicolás Núñez

Transteatro

Entre, a través y más allá del Teatro

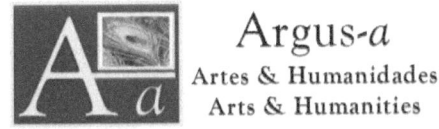

Buenos Aires, Argentina - Los Ángeles, USA
2018

Transteatro

Entre, a través y más allá del Teatro

ISBN 978-1-944508-19-7

Ilustración de tapa: Vania Paola Bilen
Diseño de tapa: Argus-*a*.

© 2018 Domingo Adame y Nicolás Núñez

All rights reserved. This book or any portion thereof may not be reproduced or used in any manner whatsoever without the express written permission of the publisher except for the use of brief quotations in a book review or scholarly journal.

Editorial Argus-*a*
16944 Colchester Way,
Hacienda Heights, California 91745
U.S.A.

Calle 77 No. 1976 – Dto. C
1650 San Martín – Buenos Aires
ARGENTINA
argus.a.org@gmail.com

ÍNDICE

Prólogo   1
Por Deborah Middleton

Introducción   5

I.   Conectando con la fuente   17

Jerzy Grotowski: el actor es un animal sagrado   17
Rodolfo Valencia y la liberación del actor   20
Peter Brook: Más allá de la contradicción,
la estructura ternaria   39

II.   Del teatro al Transteatro: la transdisciplinariedad   43

Teatro y cultura en los albores del siglo XXI   43
Una nueva visión del mundo: La Transdisci-
Plinariedad   54
Teatro: de la Perspectiva disciplinaria a la trans-
Disciplinaria   60
Transteatro   71

III. Propuestas y experiencias transteatrales   95
Apuntes para una Pedagogía transteatral   95
Experiencias transteatrales en El Tajín   104
De El príncipe constante *a* Esclavo por su patria   116
Más allá del teatro y del performance:
El caso de "Puentes Invisibles"   129
Puentes invisibles (Texto escénico)   137
Teatro de los Puentes   147

Bibliografía   169

Prólogo

> Los investigadores transdisciplinarios aparecen cada vez más como un nuevo linaje de caballeros andantes, incontenibles encauzadores de la esperanza.
>
> Basarab Nicolescu (2002, 2)

Transteatro de Domingo Adame y Nicolás Núñez es un libro que explora la visión transdisciplinaria del teatro. Adame y Núñez rastrean el linaje de los grandes maestros del teatro y describen proyectos teatrales contemporáneos y propuestas que resuenan con los múltiples niveles de realidad que Basarab Nicolescu evoca.

Nicolescu, consciente de la necesidad de encontrar un camino de conocimiento capaz de comprender el misterio cuántico de las ondas y las partículas en un mundo aparentemente sólido, ha propuesto un marco multidimensional. Plantea abolir las fronteras entre disciplinas y favorecer una interrelación dinámica entre la ciencia, la religión, la filosofía y el arte. La transdisciplinariedad, al cerrar la brecha entre las distintas disciplinas y enlazar los respectivos niveles en los que éstas operan, promete una emergente y más rica comprensión. Esta es la respuesta inaplazable que Nicolescu da a los retos sin precedentes que nuestro agitado mundo nos presenta (2014, 2).

No sorprende que los hacedores de teatro hayan encontrado un aliado en Nicolescu y una 'coartada científica' en la transdisciplinariedad, como me lo expresó Núñez. Nicolescu disfruta de una cercana amistad con Peter Brook, cuyo teatro ha descrito como un campo de estudio de la "energía, movimiento e interrelaciones" (2014, 156). La perspectiva transdisciplinaria da la bienvenida a la percepción corporizada del instante teatral, aspira a conectarse con la dimensión poética y reconoce la presencia de lo sagrado. Los sólidos fundamentos científicos de la Verticalidad cósmica, de Nicolescu, nos permiten comprender el tránsito entre los distintos niveles de realidad y son un concepto muy valioso para los hacedores de teatro que buscan cultivar la experiencia de lo sagrado.

Inspirados por su contacto con Nicolescu, Adame y Núñez, en su búsqueda de una nueva, o quizá renovada visión del teatro, han hecho una síntesis de sus conceptos clave. Los textos que aquí se presentan señalan paralelismos entre la actitud transdisciplinaria y el teatro de Grotowski, Rodolfo Valencia, Peter Brook, y el propio Núñez. El fantasma de Gurdjieff también ronda estas páginas, evocado por la fascinación compartida que ejerce sobre Nicolescu y estos dos teatreros.

La ancestral llamada del teatro a crear puentes que conduzcan a dimensiones más profundas del ser, de la percepción, la consciencia y la realidad adquiere aquí, gracias al firme contexto científico de Nicolescu, una nueva confianza. Aquellos lectores familiarizados con Núñez descubrirán una afinidad muy cercana entre su Teatro antropocósmico y la Cosmodernidad de Nicolescu, la cual reconoce como 'una vasta matriz cósmica a la que todos pertenecemos' (2014, 198).

En este volumen se mezclan con libertad escritos tanto personales como académicos, tonos poéticos y filosóficos, así como un entendimiento de las características clave de la energía, el movimiento, la presencia y la percepción en la representación. Las aspiraciones, a veces demasiado elevadas y globales del Transteatro provienen, como la transdisciplinariedad misma, de un espíritu de generosa expansión. El enfoque transteatral busca nada menos que superar las divisiones en todos los niveles; nos invita a suavizar las aristas, a disolver las fronteras, a abrirnos a la altura y a la profundidad de la experiencia. Para el espectador esto significa un profundo encuentro intra- e inter–personal y una afinación de su sensibilidad hacia el ambiente, desde el local hasta el cósmico.

Talakgánu, co-creación de Núñez y Adame junto con una comunidad totonaca del Tajín, y *Puentes Invisibles*, una versión de uno de mis textos dramáticos,* son ejemplos de producciones transteatrales. Sin embargo, más que un método, el Transteatro es una invitación a hacer un teatro comprometido con una visión ontológica expandida y expansiva.

Adame y Núñez visualizan un teatro de encuentros contemplativos y cósmicos; hablan a favor del poder que el instante dramático tiene para transformar a los individuos y a las comunidades. Como los incontenibles caballeros andantes de los que Nicolescu nos habla, Adame y Núñez —al crear una visión contemporánea de un teatro con dimensiones sagradas— son realmente *encauzadores de la esperanza* en un mundo convulsionado.

    Deborah Middleton
    (Traducción: Helena Guardia)

*El texto, incluido en este volumen, aparece bajo mi seudónimo, Deborah Templeton.

Introducción

Los autores de este libro hemos compartido diversas experiencias teatrales que nos han puesto en relación. Varios son, además, los hombres y las mujeres *puente* que nos han acercado, por lo que su presencia está viva en este libro cuyo origen son textos individuales reelaborados para presentarlos como una propuesta común. El punto de coincidencia es nuestro interés por generar acontecimientos que se coloquen más allá del teatro con la intención de despertar y experienciar la Verticalidad cósmica y consciente que nos sitúe en un presente activo. A eso hemos convocado a lo largo de nuestras trayectorias profesionales y es el propósito que nos anima en esta ocasión.

Sabemos que existen diversas formas de abordar el hecho escénico, en ese sentido el Transteatro no es un "Nuevo teatro", ni pretende convertirse en modelo único a seguir, por el contrario, al tener como base a la Transdisciplinariedad su premisa es mantener la apertura ante cualquier intento de exclusión, estancamiento o clausura. Por esta misma orientación epistemológica es importante reconocer que nuestra propuesta va más allá de un teatro donde solo exista la colaboración de diversas disciplinas; esto podría ocurrir, mas de suceder así se mantendría la visión disciplinar del teatro.

Para nosotros, dicho de manera concisa, el Transteatro es aquél que, en cualquier realización, permite experimentar el tránsito por diversos niveles de realidad, trascender la lógica binaria y establecer relaciones complejas. Cualquier proyecto con estas características podrá considerarse Transteatro —aunque no tenga ese nombre, como se puede ver en nuestro planteamiento de Teatro de los Puentes aquí incluido—.

El libro está organizado en tres secciones: una primera que hemos denominado *Conectando con la fuente* cuyo propósito es aproximar al lector con el linaje teatral del cual nos nutrimos y al cual deseamos honrar; posteriormente en *Del teatro al Transteatro: la transdisciplinariedad* exponemos el soporte teórico-metodológico de nuestra propuesta y, al final, compartimos algunas *Propuestas y experiencias transteatrales* realizadas en diversos contextos, incluyendo el guión de *Puentes Invisibles* cuya dramaturgia fue realizada por la escritora Debora Templeton, quien gentilmente cedió los derechos para su publicación y aceptó prologar este libro, por lo que le estamos profundamente agradecidos. Todo ello es la base para proponer los principios del *Teatro de los Puentes*, un proyecto pedagógico-creativo transdisciplinario y transcultural cuya intención es contribuir a unir, mediante el juego performático, todo aquello que nos mantiene separados de nosotros mismos, de los otros, de la naturaleza y del cosmos.

Antes de entrar en materia queremos compartirles el camino que cada uno de nosotros recorrió para llegar al Transteatro que nos ha hermanado.

Nicolás Núñez:

Mi nombre es Nicolás Núñez, tengo más de cincuenta años dedicándome a la investigación teatral en mi país, la tierra del sol, del grito y del tequila; como mexicanos sabemos que nuestro linaje de bandidos es lo que nos define frente al resto del mundo. Algunos de nosotros roban lingotes de oro, pesos o dólares, otros roban corazones, y algunos otros intentamos a través de las artes tomar por asalto a la Luz.

¿Para qué hacer teatro? ¿De qué le sirve el teatro a la sociedad actual? El evento teatral superficial entretiene y divierte ¡nada más! (buen trabajo, comerciantes). El evento teatral comprometido entretiene, divierte e ilustra sobre alguna circunstancia humana (buen trabajo, intelectuales). El evento teatral *sin* concesiones entretiene, divierte, ilustra y abre las posibilidades del vuelo interno (buen trabajo, oficiantes). La diferencia entre ser un comerciante, un intelectual o un oficiante en el teatro es básica, y cada quien sabe su cuento, y a qué santo le prende su veladora.

Todo teatro entretiene, todo, hasta el inaguantable panfleto político, el alambicado panfleto místico, el cientificista panfleto industrial, el moral, el étnico, el nacionalista, etcétera, pero pocos provocan el vuelo interno, y menos la expansión de la consciencia. Si fuera alimento — ¡que lo es! —, el evento teatral superficial sería como un merengue vendido por los comerciantes, engaña el estómago y nos deja con hambre; el evento teatral comprometido sería como una rica sopita caliente vendida por los intelectuales, reconforta y cae bien al estómago. El evento teatral *sin* concesiones sería un delicioso pedazo de *maná* ofrecido por sus oficiantes, provoca el vuelo interno y la expansión de la consciencia.

Cada quien come lo que le viene en gana, sí, perfecto, y podemos vivir y morir comiendo merengues si ese es nuestro gusto, por supuesto. Nadie nos debe obligar a otra cosa.

El punto está en que una sociedad organizada o estructurada para nuestro beneficio, como supuestamente está la nuestra, debería considerar en su oferta cultural un producto teatral de vuelo interno. Lo que hemos podido detectar es que nuestras autoridades culturales apuestan por el merengue y, si bien nos va, nos ofrecen una sopita de letras; generalmente hasta ahí alcanza su perspectiva de nuestra alimentación teatral. Y eso, como teatreros, es exactamente lo que debemos cambiar. Necesitamos solicitar espacios y presupuestos para estructurar y cocinar eventos de vuelo interno. Así como Emiliano Zapata pedía "tierra y libertad", nosotros debemos pedir "presupuesto y libertad".

El peligro para los señores del dinero, en todo el mundo, es que estos eventos, si están bien cocinados y provocan auténticamente ese vuelo interno, pueden dejar vacíos los corrales de una economía laberíntica y mentirosa, es decir, provocar que se les caiga su criminal teatrito. Porque al final de cuentas el *status quo* también es teatro, pero malo, mentiroso, criminal, sostenido por la fuerza y a balazos.

El Teatro Antropocósmico que propuse hace más de 40 años nació de la urgencia de encontrar identidad. ¿Quién soy? ¿Dónde estoy? ¿De qué se trata esto de estar vivos? Responder con honestidad a estas preguntas a través del teatro le dio forma a la aventura de recorrer el camino de una teatralidad *antropocósmica*, es decir, el teatro del hombre (antropos), en el cosmos.

Soy un ser humano: un hombre o una mujer y, en tanto tal, una entidad en el universo; una entidad definida, en este caso, como mexicana pero, también, universal. ¿Para qué me sirve esta definición? Para darme cuenta de que reconocerme y sentirme universo supera el provincialismo mental del nacionalismo, de las economías, de las diferencias raciales, religiosas y políticas que me impiden funcionar en toda mi universalidad.

El Teatro Antropocósmico es un dispositivo cultural que me abrió la posibilidad de ser lo que soy, sin miedo y con alegría. Es decir: saberme universo con certidumbre y regocijo.

El universo acoge a blancos, negros, amarillos, morenos, albinos y anexas; ricos o pobres, y si realmente nos damos cuenta de quiénes somos, desaparecen las diferencias relativas y aparece la consciencia de unidad real.

Aprendí que el linaje de una teatralidad profunda tiene este sentido, que me *enteus-siasma* y me cumple.

En esta dirección he trabajado a lo largo de cuarenta años. Ahora, gracias a Domingo Adame, tomé contacto con una rama de la teoría cuántica que se define como *Transdisciplinariedad*, disciplina que desarrolla el científico Basarab Nicolescu, colega en el CIRET[1] de nuestro decano teatral Peter Brook. Entonces me di cuenta de que el Teatro Antropocósmico, fundado por mí y mi pandilla en 1975, en la Casa del Lago de la UNAM, está científicamente emparentado con esta estructura cuántica que reconoce la existencia de una Verticalidad cósmica como una realidad sin imposturas, en donde, sin alteraciones o trampas económicas, intelectuales, políticas, religiosas o culturales, descubre que *lo que es, es*. Y lo que realmente *es* cumple su función dentro del ritmo del cosmos: algo tan sencillo como el 'kikiriki' de un gallo en la madrugada, o una reunión de teatro en donde lo que se busca es aprender a ser lo que somos.

---

[1] Centre International de Recherches et Etudes Transdisciplinaires (CIRET), con sede en París.

Mi camino

Al estudiar en el Centro Universitario de Teatro de la UNAM, de 1969 a 1972 todavía en la gloriosa época de Héctor Azar, me quedó claro que el actor es, básicamente, un comunicador. McLuhan, tan mal comprendido ahora, estaba entonces a la vanguardia de la comunicación. Ser actor, sí, pero ¿para comunicar qué?, ¿qué buscábamos en realidad al hacer teatro? ¿Conocernos a nosotros mismos?, ¿saber quiénes somos?, ¿de dónde venimos?, ¿a dónde vamos?

Con todas estas inquietudes en nuestra consciencia, después de terminar nuestros estudios en el CUT, nos fuimos a estudiar al Old Vic de Inglaterra, en donde aprendimos, durante 1973 – 74, la importancia de saber lo que saben los especialistas y actuar como principiantes. De regreso, en 1975, fundamos el Taller de Investigación Teatral UNAM, que tiene cuarenta y dos años de acción en el bosque sagrado de Chapultepec.

Como consecuencia de la búsqueda de nuestra identidad, en 1977 montamos *Laberinto*, basada en *El laberinto de la soledad* del maestro Octavio Paz, quien revisó y autorizó el montaje, mostrándose generosamente complacido con el resultado.

A estas alturas ya sabíamos que el teatro no es una herramienta exclusivamente de diversión, sino que también se le puede utilizar como vehículo de indagación interior personal y social.

Para afinar esta aproximación al teatro, decidimos irnos a Nueva York, al *Actor's Studio*, para estudiar con Lee Strasberg y quien al enterarse de que no teníamos dinero y de que habíamos viajado en camión desde la Ciudad de México, cinco días con sus cinco noches, solo para estudiar con él, nos aceptó con gusto, y siempre fue muy gentil durante el año que estuvimos con él.

El contacto con Strasberg afectó cualitativamente nuestra visión del teatro y definió con más precisión nuestro entrenamiento.

Buscando penetrar con más rigor en esta dirección nos acercamos a Jerzy Grotowski, quien nos develó al teatro como un apostolado, una herramienta eficaz y definitiva de desarrollo humano.

Nuestra manera de entrenarnos y de compartir nuestra pedagogía teatral se transformó, acercándonos cada vez más a la certidumbre de poder conectar de manera directa nuestro auténtico lugar de animalitos humanos en este planeta. Fue un esplendoroso año de trabajo en los bosques de Polonia, que fortalecieron los cimientos de nuestro aprendizaje teatral. Esto fue de 1980 a 1981.

Grotowski fue, sin lugar a dudas, la última gran bestia sagrada del teatro del siglo pasado. Tuve el privilegio de conocerlo en Nueva York en 1979, cuando hacía audiciones para su proyecto *El árbol de gente*. En ese momento Helena Guardia y yo estábamos estudiando con el mítico maestro del Actor's Studio, Lee Strasberg, en su famoso templo de la Calle 44 de Nueva York. Audicioné para Grotowski y tuve la fortuna de ser seleccionado. Volví a encontrarme con él en Polonia para la realización de su proyecto y lo invité a venir a México. Llegó en la primavera de 1980, y como no le gustaban los hoteles se hospedó en mi casa, en la gran Tenochtitlán. El Alma Mater (la Universidad Nacional Autónoma de México), siempre generosa por supuesto, costeó estas inolvidables y fabulosas locuras. Fuimos a la Sierra huichola y a otras regiones trabajando con su grupo de teatro internacional, compuesto por una alemana, tres polacos, dos franceses y un haitiano. Como resultado de ese exitoso trabajo cinco mexicanos fuimos seleccionados para integrarnos a su proyecto *El Teatro de las fuentes*, realizado en Polonia durante 1980-81: Helena Guardia, Jaime Soriano, Pablo Jiménez, Refugio González (huichol) y un servidor. Los cinco fuimos escogidos entre más de 200 candidatos que sufrieron el proceso de selección en el rancho de Bertha Álvarez, en Apan, Hidalgo. Para sorpresa de Grotowski —quien no aceptaba mano negra ni negociaciones debajo de la mesa— todos los miembros que él en su autoritaria libertad eligió éramos miembros del Taller de Investigación Teatral de la UNAM. ¿Por qué? Tal vez porque al participar le dije a mi gente lo que Grotowski me había enseñado: que todo estaría bien si hacíamos nuestra tarea con el suficiente coraje creativo, como se hacen las cosas que uno realmente quiere hacer, dispuestos a morir en el intento. Los cinco nos fuimos a Polonia un año para ser miembros de su proyecto y regresamos a México cuando comenzaban los disturbios en Gdansk, y Walesa hacía sus primeras apariciones públicas. Después volví a reunirme con Grotowski en diferentes partes del mundo: en Francia, en Italia, en EEUU, y lo volví a invitar a México. Regresó en 1985 al espacio que le gustaba tanto, en el Corazón de Tenochtitlán. Trabajamos en las faldas de los volcanes, con un grupo de 20 personas.

Los contactos intermitentes con el maestro continuaron en Avignon y en Pontedera donde en enero de 1991 le presentamos *Citlalmina*[2] y él nos compartió *The Downstairs Action*. Aunque no recuerdo con precisión todos los luminosos contactos con alguien que no permitía "enmascaramientos" con nuestra calidad de ser, sí evoco con exactitud la última cena que tuve con el maestro: fue en junio de ese año, también en Pontedera. Grotowski me invitó a cenar después de un profundo proceso de trabajo, como era su costumbre. Yo prometí llevar una buena botella de vino y llegué puntual a donde él vivía: el espacio consistía en tres habitaciones retacadas de libros repartidos en estantes y regados por todas las habitaciones, una mesita rectangular de trabajo con una lámpara y dos sillas de madera bastante rústicas. Él mismo había preparado nuestra cena: un potaje especial entre polaco e hindú bastante sabroso. Sirvió directamente de la cazuela en dos platos de restaurante barato que puso sobre su mesita de trabajo. Después de brindar, al sentarnos a comer, me di cuenta de que no había más que dos cubiertos, una cuchara y un tenedor que con la gentileza de un príncipe me invitó a elegir como instrumento para el festín: no hacía falta nada más para disfrutar el banquete.

A lo largo de los años con el TIT hemos diseñado herramientas para desarrollar la atención: *Citlalmina* (danza sagrada mexicana-tibetana, autorizada para entrenar actores por Su Santidad el Dalai

---

[2] *Citlalmina* es una danza de "meditación en movimiento" desarrollada por el Taller de Investigación Teatral de la UNAM a partir de sus estudios de la danza conchera de la tradición náhuatl y la danza del *"Sombrero negro"* de la tradición tibetana. La danza fue bendecida y autorizada como herramienta de entrenamiento mental por Tenzyn Gyatso, XIV Dalai Lama, el 2 de julio de 1989, en la Casa Tíbet México.

Lama y por la Generala Teresa, de la tradición ritual mexica-chichimeca), la *caminata lenta* o el *trote contemplativo*, ejercicios gestionados en los bosques polacos, de la mano del maestro Grotowski. Todas ellas son técnicas de meditación en movimiento que, junto con nuestras veinticuatro dinámicas psicofísicas, fruto de cuarenta años de investigación, representan la pedagogía teatral de nuestro Taller, pedagogía que nos permite voltear nuestra mirada al Sol.

Nuestras influencias son múltiples: desde Shakespeare, Artaud, Krishnamurti, Gurdjieff y Grotowski; la filosofía náhuatl, el budismo, la tradición contemplativa y el sufismo, así como las enseñanzas de Quetzalcóatl y lo que podamos entender de Einstein.

Para nosotros ha sido tan importante descubrir y seguir nuestra pasión, como nos lo enseñó Joseph Campbell; como darnos cuenta, gracias a Mircea Eliade que el teatro es la religión más antigua de la humanidad. Encontramos en Van Gogh los ritmos que mueven al universo y buscamos que sean ellos los que también muevan nuestro trabajo. Nos damos cuenta de que nuestro Teatro Antropocósmico, que comenzamos en 1975, se da la mano con la corriente de *mindfulness* en occidente, representada por gente como Jon Kabat Zinn —en el campo de la salud—, Lee Worley, Meredith Monk, Marina Abramovic, Deborah Middleton, Pasquale Esposito y Domingo Adame, entre otros, y con la Verticalidad cósmica transdisciplinaria, del científico Basarab Nicolescu.

Domingo Adame:

Desde la infancia he estado ligado con el teatro. De niño lo descubrí en Chilpancingo, mi pueblo natal, cuando llegó una carpa que desde 1949 recorría el país: el *Teatro Portátil Tayita*: "Gran compañía de drama, comedia y variedades selectas Padilla-Morones", como se anunciaba. En 1961 la vi por primera vez y pensé que se trataba de un circo, pero resultó algo muy diferente ¡era como si las radionovelas que por las noches escuchábamos en reunión familiar cobraran vida! ¡Me resultó maravilloso! Su repertorio estaba integrado por melodramas de Catalina D´Erzel y obras de temática religiosa como *Jesús de Nazareth*, *El manto sagrado*, *San Martín de Porres*, *San Francisco de Asís* y por dramas de autores reconocidos como Rodolfo Usigli, Emilio Carballido, Antonio González Caballero, Federico García Lorca y Rafael Solana, entre otros. La mayor satisfacción que tuve fue haber formado parte de la compañía cuando contaba apenas con 16 años. Como alguna vez me dijo el maestro Héctor Azar cuando me entrevistó para estudiar en su recién fundado CADAC: "Domingo, el virus del teatro inoculó en ti desde pequeño".

Por eso afirmo que el teatro me ofreció la oportunidad de investigar *en vivo*. La primera vez que tuve consciencia de ello fue cuando me inicié como profesional. Paradójicamente fue entonces cuando comencé a alejarme de la visión disciplinaria del teatro, sin imaginar siquiera que estaba iniciando mi *andanza* transdisciplinaria.

En 1979, a punto de concluir la licenciatura en Literatura dramática y Teatro en la Universidad Nacional Autónoma de México, recibí la invitación del maestro Rodolfo Valencia para integrarme al Programa de Arte Escénico Popular de la Secretaría de Educación Pública, donde él fungía como director artístico. Se me encomendó dirigir a un grupo de maestros bilingües de la huasteca hidalguense y veracruzana cuya lengua materna era el náhuatl. Para ellos sería su primera experiencia teatral, para mí la primera de trabajar con indígenas y de iniciar de una manera sistemática un proyecto para reunir los dos Méxicos —el *profundo* y el *imaginario*, según Bonfil Batalla (1987)— que en la infancia se me presentaron como separados.

En el proceso con el grupo había que comenzar desde cero hasta llegar a la creación de una obra original en la cual se tratarían aspectos de la vida de sus comunidades y de los problemas por los que atravesaban. El reto era complejo, pero la ventaja fue contar con un método elaborado por el propio maestro Valencia que me sirvió de guía.

Fue así que comencé un proceso de reaprendizaje: todas las teorías, las técnicas, los métodos aprendidos en la universidad correspondían a un tipo de teatro considerado universal: el teatro dramático europeo. Gracias a los seminarios de Investigaciones Escénicas a cargo del maestro Ignacio Cristóbal Merino Lanzilotti (con quien trabajé en la Carpa Geodésica en su proyecto de Teatro de Revista) y de Teatro Náhuatl a cargo de la Dra. María Sten, me fue posible comprender la dimensión de la responsabilidad que estaba asumiendo, pues se trataba de penetrar en una realidad que, pese a su cercanía, me resultaba distante y cercana a la vez.

Todo estaba por hacerse y había que comenzar trabajando personalmente, a eso llamo *investigación en vivo*, una investigación donde uno se involucra plenamente con el cuerpo-mente-emoción-movimiento, como en una danza que nos permite entrar en armonía con el universo.

Tuve oportunidad de participar desde 1979 en varios proyectos de teatro comunitario contemporáneo que condujeron en 1987 a la fundación de la Asociación Nacional Teatro-Comunidad (TECOM) integrada por teatristas, investigadores y promotores culturales que habían participado en diversas experiencias de teatro popular en México desde los años setenta en proyectos como: Teatro Popular del INEA, Arte Escénico Popular, Teatro CONASUPO de Orientación Campesina. Pero con antecedentes remotos en las acciones educativas de los gobiernos posrevolucionarios. Otras trayectorias provenían del sector independiente con experiencias muy diversas que, sin embargo, confluyeron en la Coordinadora Nacional de Teatro que se integró a raíz del Primer Congreso Nacional de Teatro celebrado en la Ciudad de México en diciembre de 1979. También fue importante participar en la organización del Primer Encuentro en Torno al Teatro Rural que se realizó en el Museo Nacional de Culturas Populares en mayo de 1985.

En mi actividad como promotor, director de grupos o actor de teatro comunitario comprendí que ésta consistía en una tarea que hombres y mujeres realizamos porque nos sentimos parte de una *colectividad* y porque queremos que dicho grupo humano sea receptor de nuestro hacer; la *comunidad* es generadora de sus propios modos y medios de vida, de expresión, recreación, reflexión y representación que pueden llamarse: ceremonia, danza, teatro, etcétera. En el Teatro comunitario se comparte una ética y principios estéticos universales e intemporales de la creación teatral que unifican a las personas porque reconocen en ellos, a la vez, los pensamientos ancestrales y los más actuales; se valoran los saberes y se disfruta al presenciar las capacidades expresivas de quienes actúan.

Conocer al maestro Rodolfo Valencia dejó una huella profunda en mí, en lo profesional —tanto en su vertiente de formación de actores con el grupo Teatro 21 entre 1979 y 1981, como de comunicadores y promotores de teatro popular en el Programa de Arte Escénico Popular entre 1979-1982— y en lo humano. Pude constatar la evolución de sus propuestas a lo largo de su trabajo con estudiantes de la UNAM mediante el taller que ofreció en la Facultad de Teatro de la Universidad Veracruzana en 2005, poco antes de su fallecimiento, donde si bien incorporaba otros elementos, su esencia seguía siendo la misma: liberar al actor, en tanto persona, para que fuera capaz de una comunicación verdadera.

Al llegar a Xalapa en 2001, comenzó a emerger el Transteatro en la Facultad de Teatro de la Universidad Veracruzana, donde me incorporé como docente-investigador. A partir de los antecedentes expuestos y de las ideas de Edgar Morin sobre Pensamiento complejo propuse un curso que llamé *Teatro de la civilización planetaria*; posteriormente llevé a cabo las que denominé *Experiencias transescénicas* con un proyecto que inició en octubre de 2006 y culminó en febrero de 2007: *Tlazoltéotl, barranca de ilusiones*. Ésta última fue un evento coordinado por Nicolás Núñez con la participación de estudiantes y maestros universitarios a partir de lo que él denominaba *Teatro de alto riesgo*. La siguiente experiencia tuvo lugar en la Casa del Teatro del Centro de las Artes Indígenas *Xtaxkgakget Makgkaxtlawan* (El resplandor de los artistas) dentro del parque temático Takilsukhut, ubicado en la zona sagrada totonaca de El Tajín, Veracruz como una integración afectiva y efectiva de la sabiduría totonaca con mis saberes previos.

Fue entonces que detuve un momento mi *andanza* para preguntarme ¿Qué significaba el teatro como disciplina? Si había nacido como producto del convivio —religioso primero, cívico después—; si se trata de un acto eminentemente social y cultural —"no hay cultura sin teatro", nos recuerda Fischer Lichte (1999), pero tampoco hay teatro sin comunidad— ¿no es la comunidad en toda su complejidad la que propicia el convivio? Entonces comprendí que el teatro —como disciplina basada en el principio de teatralidad—, contenía una limitación importante: la transformación que propone es producto de una convención que impide transitar por lo que Nicolescu llama "diferentes niveles de realidad". En el teatro los participantes permanecen en un mismo nivel, y solo tienen la ilusión de acercarse a otra dimensión; en cambio, el Transteatro, sin nulificarlo, se coloca más allá de toda reducción. Además, con un sentido de proporcionalidad, el Sujeto establece contacto personal con los otros y con el cosmos. Este último principio plantea un cambio fundamental con respecto a las prácticas basadas en el derroche y abuso de recursos y energías, cuyos ejemplos en las teatralidades estéticas y sociales son abundantes.

A nivel personal el Transteatro me ha permitido integrar mis saberes para ayudarme a comprender, sentir, relacionar y, en suma, danzar con todo lo que existe, como pude corroborarlo en la experiencia de *Puentes Invisibles*[3] que compartí también con Nicolás Núñez y los miembros del TIT en el Bosque sagrado de Chapultepec. Fue ahí que el Transteatro apareció en toda su dimensión y me hizo sentir en el mundo reencantado.

Nicolás y Domingo:
Gracias por estar aquí, ¡comenzamos!

---

[3] Se describe en el Capítulo 3 de este libro.

I. Conectando con la fuente: Jerzy Grotowski, Rodolfo Valencia y Peter Brook

Jerzy Grotowski: el actor es un animal sagrado

¿Quién es Grotowski (1933-1999)? ¿Cuál es su importancia? ¿Por qué es considerado la última bestia sagrada del teatro del siglo pasado? Intentemos responder estas preguntas paso a paso.

¿Para qué hacemos teatro? Si respondemos de la manera obvia: para contar una historia —sin más intención que contarla—, para hacer arte —por hacer arte y nada más—, o utilizarlo como peldaño —para, a través de los medios, volvernos ricos y famosos—, es muy válido, sí, pero no toca la esencia del espíritu grotowskiano. ¿Cuál es esa esencia y ese espíritu? Para entenderlo tenemos que verlo como una toma de consciencia gradual: así como al nacer no nos damos cuenta ni de quién somos hijos, hasta que pasa algún tiempo para saber quién es nuestro padre y quién es nuestra madre, y más adelante nos damos cuenta de cuál es nuestra familia, y después nos damos cuenta, como en nuestro caso, de que somos mexicanos y tardamos todavía más en darnos cuenta de que somos seres humanos en el mundo y, si tenemos suerte, nos damos cuenta de que somos miembros del cuerpo galáctico, que somos el universo en movimiento expansivo, placentero, gozoso. De la misma manera, para entender la herencia de Grotowski necesitamos darnos cuenta de que el teatro puede cumplir con nuestras necesidades emocionales, psicológicas, y económicas más rudimentarias; y de acuerdo a un crecimiento natural, puede ir cumpliendo otro tipo de funciones, como mantener vivas las raíces de nuestra identidad cósmica. Entender que esta identidad cósmica representa una sanidad individual, familiar, social, espiritual significa reconocer al teatro como una herramienta lúdica para ubicarnos en el universo. Comprenderlo así es acercarnos al linaje teatral que nos heredó el maestro.

Para que el teatro pueda funcionar desde esta perspectiva es necesario que el actor se reconozca como un animal sagrado. Recordemos que la cualidad de este tipo de animal reside en sobrepasar sus propios límites: si a un caballo pura sangre lo hacemos correr al máximo sin darle la orden de frenarse, no se detiene, le revientan las vísceras en plena carrera y estalla, pero es irrefrenable. Esta entrega le da estatus de animal sagrado. En este rango existen varias especies, entre ellas está el animal teatral como animal sagrado que en su juego escénico, al ser habitado por este coraje creativo, nos hace percibir el vórtice, el límite donde podemos despeñarnos en el vértigo, o reconstruirnos en la alucinante realidad cumplida. Tocar este registro, para el actor, para la audiencia, para la sociedad, es un alimento de primera calidad.

Estructurar tareas para el entrenamiento lúdico de este tipo de actores fue la preocupación del maestro Grotowski durante toda su vida. El ente creativo, como él decía, es arriba del escenario como una llama que se consume iluminando; ese fuego sagrado es el instante vivo que alumbra todas las artes verdaderas. Este coraje creativo es el alimento que nos entrega todo buen actor, buen músico, buen bailarín, o cualquier verdadero artista.

Grotowski tuvo que luchar contra los corredores del éxito de la industria cultural y, en su momento, tuvo que rechazar un sinnúmero de ofertas que lo hubieran puesto en la vitrina hasta convertido en moda, como ha sucedido con un buen número de excelentes artistas a los cuales la industria convierte en un *must* de prestigio. Él sabía bien que los ajustes que nos exige el comercio y las concesiones hibridizan y depauperan nuestro producto; que, frente a la trampa del comercio, es imposible sostener la integridad. El hecho de no haber caído en la tentación de comerciar con su trabajo y de sostener su postura artística como una manera orgánica de reconocer su dignidad humana lo convirtieron, junto con Artaud, Brecht, Stanislavski y Meyerhold, entre otros, en uno de los grandes maestros del teatro occidental del siglo XX. Recordemos que su propuesta de *Teatro pobre* era, medularmente, pobre en recursos económicos y rico en calidad artística.

Recoger de su enseñanza la honestidad para mantener vigente y cantarina la realidad, es tomar consciencia de nuestra auténtica función dentro del ritmo del universo.

El trabajo de Jerzy Grotowski nos lleva, fundamentalmente, a mantener vivas las raíces de nuestra identidad cósmica, como un vehículo de sanidad social y espiritual. Él se percató de que una de las pocas salidas del laberinto en el que estamos encerrados se da a través de las artes, las cuales nos proporcionan herramientas lúdicas que permiten tocar el punto en donde el coraje del vértigo creativo aparece, ubicándonos en nuestro planeta y entregándonos el soma que nos mantiene vivos y contentos.

Grotowski, en el presente y hacia el futuro, puede servir como una piedra de toque para todos aquéllos que se dedican al arte; con su ejemplo nos mostró el camino para mantener nuestra creatividad viva y fuera de los corredores comerciales.

Así como Esquilo descubrió la fuerza de la tragedia al ver la fiereza con que su hermano en la batalla de Salamina, después de perder un brazo, siguió luchando y repartiendo mordidas y patadas hasta su último aliento, así la imagen de Grotowski y su postura frente al mundo es motivo de reflexión e inspiración ética y moral para aquéllos que buscan en el teatro un alimento de primera calidad para el espíritu. Es compromiso de todos los que nos damos cuenta de esto hacer valer dicho alimento como parte de nuestra canasta básica, y no como una actividad prescindible.

En los días que vivimos, ante la decepción que nos provocan todas las corrientes políticas, ideológicas, económicas y religiosas, es un privilegio pertenecer a un linaje teatral que mantiene encendida la embriaguez de estar vivos.

Rodolfo Valencia y la liberación del actor

Rodolfo Valencia (1925-2006) ha sido, con toda seguridad, el único maestro de actuación en México que llevó a cabo una investigación en vivo sobre el lenguaje del actor, eso lo convierte en una de las figuras significativas del teatro mexicano del siglo XX cuyas aportaciones lo trascienden. Puesto que su trayectoria y método de trabajo son menos conocidos que los de Grotowski y Brook los presentamos aquí de manera sintética.

Valencia realizó estudios de filosofía en la Universidad Nacional Autónoma de México (UNAM) entre 1944 y 1947 y en 1950 obtuvo una beca para estudiar literatura dramática en La Sorbona y actuación en la escuela de Jean Louis Barrault.

Formó parte del grupo *La linterna mágica*[4] y fue ayudante de dirección de Ignacio Retes y de José Revueltas. Luego de su estancia en Europa inició su carrera como actor profesional. Trabajó como maestro y dirigió a grupos de aficionados en Casas de Cultura del Seguro Social. En el Estudio de Artes Escénicas, fundado y dirigido por Seki Sano[5], colaboró entre 1954 y 1957 como actor, ayudante de

---

[4] En 1946, el Sindicato Mexicano de Electricistas (SME) otorgó local y apoyo económico a Ignacio Retes para que funcionara ahí un grupo teatral. El grupo denominado La Linterna Mágica inició sus actividades con la obra de Juan Bustillo Oro *Los que vuelven*, posteriormente presentó Mariana Pineda de Federico García Lorca y *Los zorros* de Lilian Hellman. La escenografía y el vestuario estuvieron a cargo de los hermanos Carlos y Rafael Villegas, y la música fue responsabilidad de Carlos Jiménez Mabarak.

Rompiendo con lo planteado por los grupos renovadores en cuanto a la función del director, Retes fue al mismo tiempo actor. La escenografía y vestuario de la temporada estuvieron a cargo de Juan Soriano. En la tercera y última temporada realizada en 1948, La Linterna Mágica cumplió su viejo sueño de encontrar un dramaturgo propio, montan así *Israel* de José Revueltas, con escenografía de Raúl Zarra, el propio Retes, y música de Silvestre Revueltas (Adame 2004, 182).

[5] Seki Sano (Tientsin, Japón, 1905 – Ciudad de México, 1966). Actor, director de teatro y activista político. Llegó a México en calidad de exiliado político procedente de Nueva York, perseguido por el gobierno japonés. Durante su juventud participó en la renovación teatral japonesa y después en la vanguardia teatral soviética. Introdujo en México el método de Stanislavski. Fundó, con apoyo del Sindicato Mexicano de Electricistas, el Teatro de las Artes (1939) y otros importantes

dirección, adaptador de varias obras y maestro de actuación. Formó parte de los intelectuales y artistas invitados por el Gobierno Revolucionario de Cuba donde residió entre 1962 y 1967, ahí fundó el *Teatro Musical de la Habana*, dirigió las Brigadas de Teatro Francisco Covarrubias, fue maestro y director de la Escuela Nacional de Teatro. A su regreso a México impartió un curso en el Centro Universitario de Teatro de la UNAM y fue maestro de actuación en la Escuela de Arte Teatral del Instituto Nacional de Bellas Artes.

En 1969 Valencia se incorporó al Teatro de Orientación Campesina y, siendo su director artístico, organizó y dirigió los talleres donde se capacitaba a campesinos en las disciplinas escénicas y como promotores de teatro comunitario.

Antes de viajar a Cuba inició una investigación sobre los reflejos condicionados a partir de la tesis de que los ensayos constituían una forma de condicionamiento del actor y una posibilidad de vencer sus resistencias en la creación del personaje. Sin embargo, al regresar a México su visión había cambiado a partir de las propuestas de Wilhem Reich (1897-1957) sobre bioenergética, mismas que le sirvieron de base para desarrollar un método de entrenamiento del actor en tanto y primordialmente como ser humano. Esta investigación habría de culminar con la definición de la especificidad del lenguaje del actor.

A partir de la creación del grupo *Teatro 21* en 1976 con sus ex-alumnos de la Escuela de Arte Teatral del INBA, Valencia combinó su trabajo en el teatro popular con la profundización de su investigación sobre el entrenamiento actoral y la creación de espectáculos como: *El hombre Prometeo* (1977), adaptación de *Prometeo encadenado* de Esquilo, una denuncia de las atroces torturas sufridas por jóvenes de toda América Latina en esos años; *Trufaldino, servidor de dos patrones* (1979), crítica del abuso de poder a través del texto de Goldoni;

---

centros de formación teatral. Algunas de sus puestas en escena en México fueron: *La coronela* (1940), en colaboración con la coreógrafa Waldeen; *La rebelión de los colgados* (adaptación de la novela homónima de Bruno Traven, 1942); *Un Tranvía llamado deseo*, de Tennessee Williams; *Prueba de fuego*, de Arthur Miller; *El rey Lear*, de William Shakespeare; *Corona de sombra*, de Rodolfo Usigli.

y *Los rubios* (1989), basada en *La estrella de Sevilla* atribuida a Lope de Vega y en la danza *"Los rubios"* de la mixteca oaxaqueña. De sus creaciones con grupos de teatro indígena y campesino destacan, entre otras obras: *El circo, El tornillo suelto, La ventanilla, Corrido, Rollos y desarrollos, La escuela de dioses, Los hombres de los bosques* y *Los machos*.

En sus producciones, además de mostrar los resultados de sus investigaciones del lenguaje actoral, dejó plasmado su profundo compromiso social, su conocimiento de la tradición teatral, así como su admiración y respeto por las culturas indígenas.

Valencia transitó los caminos del *México profundo* como llamó Bonfil Batalla (1987) al que existe en los pueblos originarios. Su labor en el teatro popular entre 1969 y hasta fines del siglo XX es una de las más impresionantes de la historia del teatro nacional y, desafortunadamente, poco conocida. Por todo el territorio se presentaron obras que hablaban de la realidad de las comunidades de una manera crítica, por ejemplo: problemas con el machismo, drogadicción, tala clandestina de los bosques, pérdida de la identidad cultural, etcétera. De 1985 hasta el fin de su vida (2006) fue profesor de actuación y dirección escénica en el Colegio de Teatro y Literatura Dramática de la UNAM.

En reconocimiento a su labor como investigador escénico la Asociación Mexicana de Investigación Teatral le confirió en 2003 su máximo galardón: el *Diploma al Mérito Teatral* que aceptó gustoso, si bien antes se había negado sistemáticamente a cualquier homenaje, ya que nunca le interesó el culto a su persona, lo que sí le importaba era contribuir a hacer del teatro un vehículo para potenciar la condición humana, esa es la enseñanza que legó a sus discípulos.

La trayectoria teatral de Rodolfo Valencia transita de 1946 a 2006, seis décadas que cubren la mitad del siglo XX y el inicio del XXI. Si bien la enseñanza y la práctica del teatro en México estuvieron dominadas todavía hasta fines del siglo XX por el texto escrito, Valencia nunca consideró a la obra dramática literaria como su fundamento, sino a las acciones que el actor realiza siguiendo sus impulsos interiores y exteriores. Por ello rechazó la idea de "construir personajes" propuesta por Stanislavski —aunque valoraba la aportación del maestro ruso para ahondar en la relación "actor-ser humano" y "personaje imaginario-personaje literario—.

Valencia vio a la actuación como un medio para comprender aquello que permite al ser humano darse cuenta, a través de sus acciones, si está o no conectado consigo mismo y con los otros. En eso se percibe su formación filosófica y las enseñanzas recibidas de Seki Sano, pero, sobre todo, su dedicación al trabajo de hacerse persona y a su genuina intención de comprender su contexto: México y su teatro en los inicios de la modernización del país.

Así como Rodolfo Usigli, al concluir la Revolución, se preguntó por el teatro que México necesitaba, Valencia se cuestionó por el actor requerido para transformar la realidad del teatro y de la sociedad; un teatro que —si bien contaba ya con expresiones innovadoras seguía dominado por la escuela española y por una interpretación superficial del método de Stanislaviski a través de sus acciones— y una sociedad manipulada por la demagogia priísta.[6]

---

[6]En 1928 surgió el *Teatro de Ulises*, un teatro conceptual, de "esencia literaria" opuesto al modelo predominante y al nacionalismo. En 1932 el *Teatro de Orientación* inició su trabajo sostenido económicamente por la Secretaría de Educación Pública, síntesis del movimiento experimental en lo concerniente al papel del director como autoridad en la escena, a la actuación que exigía el entrenamiento de la memoria del actor, a la organización del grupo eliminando el vedetismo y las primeras figuras, a la escenografía y a la formación de público. *Escolares del Teatro* (1931) y *Trabajadores del Teatro* fundados por Julio Bracho.

Teatro de Ahora (1932), experimento teatral que deseaba ser un "teatro político hispanoamericano, a través de los temas mexicanos". *Teatro de las Artes-Teatro de la Reforma* 1941-1951 entre cuyos miembros se encontraban: Gabriel Fernández Ledesma, Miguel Covarrubias, Silvestre Revueltas, Germán Cueto, Waldeen y, Seki Sano, su principal organizador, cuyo objetivo fundamental era hacer un teatro del pueblo y para el pueblo muy diferente al de la "tradición española". *Proa Grupo*, 1941-1948 a cargo de José de Jesús Aceves impulsor de los llamados "Teatros de bolsillo" y el mencionado *La Linterna Mágica*, 1946-1948.

El *Teatro de Arte Moderno*, 1947, un esfuerzo más por consolidar las propuestas iniciadas dos décadas atrás por el Ulises, en cuanto a crear un teatro de actualidad.

La Universidad Nacional Autónoma de México por su parte fundó en 1936 el *Teatro de la Universidad* a cargo de Julio Bracho y en 1956 *Poesía en voz Alta* cuya propuesta consistía en hacer un teatro al servicio de la palabra, que rescatara la

A Usigli le preocupaba la identidad del mexicano ¿quién es ese ser —decía— que se esconde bajo la máscara del indio, del mestizo o del criollo? Veía a la sociedad como un teatro sin teatro; Valencia iba más allá, quería descifrar el misterio del enmascaramiento, para lograr el desenmascaramiento, tanto en la vida como en el teatro. El dramaturgo desarrolló en sus obras y en sus ensayos críticos una pedagogía para acabar con la *gesticulación* —el mayor mal que afectaba a nuestra sociedad y cuyos mejores representantes eran (y siguen siendo) los políticos. Esta *gesticulación* perjudicaba sobre todo a nuestros aspirantes a actores pues, decía Usigli: "El mexicano todavía no puede ser actor en el teatro, como lo demuestra palmariamente la escasez de actores de que sufrimos, porque gesticula demasiado en la vida, de un modo anárquico, gratuito y pasajero. Cuando es actor de modo permanente, todos sus gestos se dirigen fuera de su profesión" (1979, 474), por ello, "la tragedia del mexicano, reside por igual en todo lo que oculta porque (eso) lo exhibe, y en todo lo que exhibe porque (eso) lo oculta" (2002, 137).

Valencia, por su parte, consideraba que el personaje y la cuarta pared eran formas de ocultamiento pues ambas demandaban que el actor se olvidara de la persona para quien trabaja, es decir, el público. Ambas eran máscaras que servían de ocultamiento al actor impidiéndole una verdadera comunicación y un juego limpio.[7]

Una notable diferencia entre Rodolfo Valencia y otros creadores y pedagogos teatrales del siglo XX es que jugó el juego del teatro, es decir, se colocó en el lugar donde se da el encuentro entre actores y espectadores. Estuvo ahí exponiéndose y verificando en sí mismo su concepción sobre el actor. Esto sin negar la calidad humana y artística que tienen, por ejemplo, directores como Brook o Grotowski.

Valencia fue un actor que leía el texto de su cultura, lo convertía en acciones mediante el juego de relaciones con otros actores

---

poesía y cuya base fuera la experimentación constante, así como la libertad absoluta del director (Adame 2004, 177-184).

[7] Ver (Adame 2008, 32).

y lo enfrentaba con el espectador, a quien invitaba a formar parte del juego. De este modo actor, espectadores y cultura tenían la oportunidad de regenerarse permanentemente.[8]

Lo anterior quedó confirmado en su actuación en *El hombre Prometeo*,[9] obra que causó fuerte impacto en gran parte de la comunidad teatral, así como en *Los rubios*.

El pensamiento teatral de Rodolfo Valencia

La investigación teatral de Rodolfo Valencia se centró en el actor, es decir sobre su propio ser, pues tanto en el ámbito teatral como en su espacio cotidiano el maestro nunca dejó de actuar para intentar comprender los principios y los medios que hacen de una acción el instante donde el ser humano comunica lo más profundo y verdadero de su ser. En su búsqueda se perciben elementos que, como veremos más adelante, apuntaban a la transdisciplinariedad. Por ahora solo diremos que, ya fuera con actores profesionales, con

---

[8] Esto se corrobora con la intención que dio origen a *Los rubios*, así lo afirmaba Valencia: "La reacción del público ha sido interesante y contradictoria. Hay gente que la encuentra extraordinariamente interesante y otros que la rechazan total y absolutamente, que sienten que una danza popular mexicana no tiene nada que ver con Lope. Pero en mí tiene que ver porque ambas son expresiones de la cultura a la cual pertenezco" (*El Financiero*, agosto 1989). Y en otra nota "Este sincretismo entre lo popular mexicano y la raíz española es parte de una de las inquietudes artísticas expresadas en el montaje: la identidad nacional. En esta exploración no se busca hacer folklor en la escena, sino utilizarlo para combinarlo con el texto español como un proposición de lectura para el espectador y conocer su reacción"... "Realmente me considero un mexicano fascinado por su propia realidad y la riqueza de nuestra cultura, pero siento que todavía somos un pueblo en la búsqueda de sí mismo, de una identidad que aún se nos diluye. Esta carencia oscila entre creernos los mejores o los peores del mundo, pero no somos lo uno ni lo otro" (*Uno mas uno*, 31 de agosto 1989).

[9] Roberto Bardini en su crítica periodista escribió sobre *El hombre Prometeo*: "Sin exagerar, la mayoría de las personas que pasaron por la pequeña sala -muchas de ellas pertenecientes a la actividad teatral o cinematográfica- quedaran marcadas de alguna manera. Y es que -comentarios elogiosos aparte- la adaptación y puesta en escena de Valencia persigue objetivos que trascienden lo meramente artístico: integrar la realidad al teatro y comprometer a éste con la sociedad y el hombre" (1977).

campesinos, con indígenas o con estudiantes universitarios, su trabajo mantuvo el rigor necesario para alcanzar su objetivo, y se valió, entre otras técnicas, de la bioenergética.

El espacio más adecuado para *ser plenamente* es el escenario, parecía sugerir Valencia: "pero el actor, en lugar de aprovechar la oportunidad, se enmascara con el personaje, cosa que lo limita y lo hace renunciar a su propia experiencia. El juego teatral no puede hacerse sino a partir de la realidad ontológica del actor como ser humano... un actor liberado que entre al juego liberará a millones de seres humanos" (*Ibid.*, 33). Un ejemplo vivo de esto lo encontramos en *Los hombres de los bosques* (1980), inolvidable creación que hizo con los maestros bilingües purépechas: en una escena Salud —la esposa— le arrebata el cinto a su marido, José, quien se disponía a pegarle y con una energía nacida desde lo más profundo de su ser se lo arrebata y le dice: "¡Se acabó! ¡Nunca más volverás a pegarme!". En esa simple acción, con autenticidad, todas las mujeres golpeadas y sometidas por el poder machista y patriarcal recuperaban su dignidad y los hombres éramos confrontados. No se trataba de un sociodrama, sino de una creación escénica compleja y de gran fuerza poética. En ella se percibe la visión transdisciplinaria, más allá de la superficialidad del teatro de entretenimiento propuesto por la sociedad de consumo y el pensamiento mecanicista.

En la obra creativa de Rodolfo Valencia la dimensión transteatral tuvo también carácter transcultural, dado que las tradiciones escénicas de las que partía —europeas y mexicanas— rebasaban sus particulares contextos: *El hombre Prometeo* (1977), basada en la obra de Esquilo, fue resignificada dentro del ámbito latinoamericano y *Los rubios* (1989) partió de la danza mixteca-oaxaqueña de igual nombre y de *La estrella de Sevilla*, atribuida a Lope de Vega.

Afinidades con creadores contemporáneos: Grotowski y Brook

La primera presentación de un trabajo escénico de Jerzy Grotowski en Latinoamérica ocurrió en el marco de las *Olimpiadas culturales* con *El príncipe constante*, durante la XIX Olimpiada que se realizó en la ciudad de México, en el nefando octubre de 1968. Esta obra hizo que, frecuentemente, Valencia pusiera como ejemplo de actuación orgánica a Riszard Cszieslack.

Tanto Grotowski como Valencia y Peter Brook hicieron contribuciones significativas en la segunda mitad del siglo XX para comprender el sentido del teatro como la más pura realización de la acción del ser humano. Grotowski comenzó hablando del *actor santo* que se muestra desnudo ante el espectador, y se alejó de él para investigar los procesos biológicos que generan la acción. Valencia inició su investigación en busca de un actor lúcido y sensible y confirmó que éste tenía que despojarse de todo lo que le impedía estar en comunión con el otro. Ambos estuvieron dentro del teatro de arte, sin embargo optaron por el laboratorio, Grotowski con su *Teatro de las trece filas* y Valencia con su *Teatro 21*. Cuando el maestro polaco realizaba su investigación sobre el *Teatro de las fuentes*, el maestro mexicano se encontraba trabajando en comunidades indígenas y campesinas, con quienes él consideraba "la sal de la tierra". Valencia siempre siguió con interés las conferencias que Grotowski impartió en México. Por ello resulta afortunada la coincidencia de sentido entre el concepto grotowskiano de *in-tensión* con el valenciano de *disponibilidad*: en ambos casos se trata de estar en profundo contacto interno, sin perderlo con el exterior. De igual manera, al considerar que lo imprescindible en el teatro "es lo que sucede entre el espectador y el actor" (Grotowski 1978, 27).

Con Peter Brook, Valencia compartió su interés por las tradiciones teatrales y culturales más arraigadas de los pueblos: ambos entendían la tradición no como intento de momificación, de preservación de formas externas, sino para hacer vivir en el presente toda la sabiduría heredada. Por ello ambos se interesaron por la teoría cuántica y reconocieron la *contradicción* como el motor de cada proceso sobre la realidad. Su mayor coincidencia reside en la triada que, según

Basarab Nicolescu, define al teatro del maestro inglés: "energía, movimiento e interrelaciones",[10] esto se verá más adelante al abordar el método del maestro Valencia. Por poner un ejemplo, para ambos el movimiento no puede ser resultado de la acción de un actor o bailarín: éste, más que *hacer* un movimiento, *se mueve* a través del movimiento, es el caso de Merce Cunningham a quien Valencia admiraba y de quien Brook dice "él ha acostumbrado su cuerpo a obedecer, su técnica está a su servicio, de modo que, en lugar de quedar envuelto en la ejecución del movimiento, puede hacer que el movimiento se desarrolle en compañía íntima de la música que se despliega" (apud. Nicolescu 2011b, 14).

Uno y otro consideraron la preparación del actor como proceso de apertura e intercambio, así como de unión entre pensamiento, cuerpo y sensaciones.

Fundamentos del método

Valencia profundizó su conocimiento teatral con Seki Sano quien, como director moderno, estaba todavía muy apegado al texto, por eso su mayor interés fue establecer la diferencia entre literatura y teatro, para plantear el lenguaje del actor.

El propósito de su investigación corresponde a su afán por comprender los principios y los medios que hacen de una acción el momento en que el ser humano comunica algo conectado profunda y verdaderamente con su ser.

Su primera consideración, entonces, fue que había que pasar de la palabra escrita a la acción, para lo cual habría que tener en cuenta la mayor aportación de Stanislavski: su teoría de las pequeñas acciones físicas, pues:

---

[10] Véase el ensayo de Basarab Nicolescu "Peter Brook y el pensamiento tradicional" en *Investigación Teatral* Vol. 1/Núm 2, pp.9-41. Este ensayo fue publicado originalmente en francés en *Les Voies de la Création Théâtrale*, Vol. XIII (CNRS Editions, Paris, 1985, editado por Georges Banu).

el lenguaje del actor es el lenguaje de la acción: toda acción tanto interior —es decir, creación y comunicación de los sentimientos creados por el actor que aquí llamo las acciones interiores— como las acciones exteriores … empezando por la palabra misma como una acción orgánica: la articulación de la palabra, de ahí para adelante con el gesto, con las relaciones dramáticas que establecen los actores en el espacio escénico, etcétera, ese realmente es el lenguaje teatral … El actor pasa de ser un títere a un ser humano que se convierte en elemento significativo…No es cuestión de crear imágenes, es cuestión de tomar de nuevo la palabra y cargarla de sentido (Valencia en Adame 2008, 31).

La pregunta faro que guió el trabajo de Rodolfo Valencia fue: ¿cómo alcanzar a través del teatro un estado de presencia/consciencia para permitir un verdadero encuentro entre seres humanos? En el teatro convencional, la pregunta *¿quién soy?* remite por lo general a la dualidad actor/personaje; es más bien de carácter operativo, corresponde al binarismo realidad/ficción. El actor representa personajes, por eso la noción de personaje, central en la concepción del teatro dramático occidental, fue la primera que el método del maestro Valencia cuestionó, pues en lugar de ayudar a formar personas lúcidas, sensibles y críticas los alejaba de sí mismos y, en el mejor de los casos, los llevaba a ser una *copia* o caricatura del otro.

El compromiso del actor es con el espectador, no con el personaje, decía Valencia (Adame 2008, 32). Un espectador asiste al teatro a ver actores y su tarea es crear al personaje, a través de la información que el actor le proporciona:

> Yo no quiero que el espectador se identifique con el personaje, me interesa que se comunique con el actor. No hay *un* Hamlet. Yo quiero un actor totalmente lúcido no pensando que quiere ser otro (Hamlet, por ejemplo). El espectador va al teatro a ver actores, no a escuchar la voz del dramaturgo.

> Lo que define un espectáculo teatral es el contenido, porque define la forma. Con el puro texto se cae en la lectura sensible: en este sentido, al actor, el personaje le sirve de defensa no de vehículo. El personaje literario es solo una posibilidad de lectura. El teatro es el actor. Un solo actor puede ser un espectáculo. (Valencia en Adame 2008, 32)

Pero el actor, en lugar de desarrollar toda la gama de posibilidades que posee, prefiere —por miedo en muchos casos— dejar la responsabilidad de lo expresado en un ente de ficción.

En su perspectiva, por actor se entendía al sujeto que, al tomar consciencia de su cuerpo entraba en contacto con sí propio y se colocaba frente a otro (actor o espectador) en un tiempo y espacio compartido. Es en esta relación donde se percibe una intención transdisciplinaria.

Decía Valencia: "los diferentes movimientos filosóficos que surgen y se desarrollan a lo largo del siglo XX terminan con la dicotomía consciencia o alma y cuerpo, no para convertirse en lo esencial de la realidad humana, sino en la base necesaria para su comprensión" (Valencia 2006, 187). De ahí que su método de actuación le restituía al actor su complejidad y unidad, para dejar de seguir escindido en alma y cuerpo, sino para ser un organismo vivo inscrito en el presente.

El actor debería estar permanentemente disponible para trabajar personalmente, pero siempre en grupo, en una *investigación en vivo* que involucra cuerpo, mente y emoción. Se trata de un método de trabajo corporal que parte del concepto de cuerpo como única realidad tangible del ser, que viabiliza la investigación de los medios expresivos del actor. De este modo, las emociones se producen a voluntad del actor, por ello la *memoria de las emociones* de Stanislavski no tenía cabida, pues ahí se trataba de recordar algo ocurrido en el pasado, en cambio, para Valencia era *vivir cada vez* la emoción.

Para alcanzar su objetivo el maestro se valió, entre otras técnicas, de la terapia bioenergética propuesta por Wilhem Reich, quien hizo una síntesis entre el psicoanálisis y el marxismo a fin de recuperar las nociones de la vida psíquica del individuo en relación directa con su estructura corporal y el funcionamiento de su organismo, así como los bloqueos de energía y el equilibrio psique-cuerpo por medio de la respiración. Tomó de Alexander Lowen, discípulo de Reich, la noción de *traición al cuerpo*, o sea, las restricciones corporales que el individuo va moldeando en la cultura que vive. Su método también contempla el legado de la bioenergética en cuanto a la definición del ser humano abierto a la vida que en Valencia se traduce, entre otras cosas, en la consciencia del estar en el aquí y el ahora del actor. "El lenguaje del teatro contemporáneo se constituye en un presente absoluto" (Adame 2008, 30).

Para Valencia el teatro era un acto donde se expone —no se representa— la condición humana, y donde el verdadero aprendizaje consiste en contrastar al momento de realizar una acción lo que uno *cree su realidad*, con la realidad *del otro* (espectador). Se trata de un acto de liberación del actor.

Los tres ejes en los que basó su trabajo con el actor son:

a) Las acciones físicas realizadas por el actor en forma lúcida y consciente están al servicio de la articulación y comunicación del discurso teatral, y no como manierismo para la caracterización del personaje literario.

b) La producción a voluntad de los sentimientos necesarios.

c) El juego de las relaciones dramáticas en el espacio de las que emanan en forma orgánica, y no simplemente estética o de cuadro plástico, las imágenes teatrales. Este lenguaje entra por tanto, y a menudo, en contradicción dialéctica con el sentido literal del texto, volviendo visible lo invisible y dándole al espectáculo su carácter multidimensional. (Valencia 1995, 24)

Para cada uno de ellos diseñó una serie de ejercicios concernientes a:[11]

---

[11] En la tesis de Iván Herrera (2006) se desarrollan todos los aspectos que integran el método de trabajo del maestro Valencia.

1. Creación del estado de disponibilidad
2. Relaciones dramáticas en el espacio
3. Fabricación del sentimiento
4. Sentido del Conflicto
5. Manejo de la Confrontación
6. Uso dramático de un objeto
7. Uso dramático de un texto
8. Uso del texto
a) Comunicar lo que dice el texto
b) Comunicar lo que personalmente mueve el texto en el actor
c) Resignificar el texto de acuerdo al contenido del discurso

Los dos primeros aspectos[12] son la base para el trabajo actoral.

1. Creación del estado de disponibilidad

Lo primero es generar un estado de *disponibilidad* para poder *estar* en el espacio dramático y ser capaces de generar y transmitir *orgánicamente* acciones, ideas y sentimientos sin tener que fingir o recurrir a artificios, trucos, estereotipos o apoyos externos como engolamiento de la voz, exageración gestual, movimientos sin control, etcétera.

Solo mediante ese estado es posible intervenir sensible y lúcidamente sobre la realidad. La *disponibilidad* sustituía al concepto de *concentración* (rechazado por su connotación de cierre y ensimismamiento) y hacía referencia al estado de claridad, apertura y proyección que el actor debería alcanzar para comunicar desde la escena.

La respiración bioenergética jugaba un papel muy importante en todos los ejercicios de preparación física y de sensibilización.

El proceso para alcanzar la *disponibilidad* comprendía:
I) Registro de las tensiones físicas y del ruido de la mente.

---

[12]Véase (Adame 2008, 89-95), así como (Herrera 2006).

II) Relajación, por medio de la cual se trataba de soltar las tensiones y de parar el *diálogo interior*.

Estas dos actividades exigían una autodisciplina que permitiera realizar el trabajo propio sin obstaculizar el de los demás compañeros. El registro y la relajación se hacían de pie y con los ojos cerrados, mediante la respiración se recorrían todas las partes del cuerpo desde la planta de los pies hasta la cabeza, a través de ella se hacía contacto sensible y se sugería permanecer ahí el tiempo de tres inhalaciones-exhalaciones, sin mover o transformar el estado muscular. Al terminar daba inicio la relajación en la cual, a cada inhalación correspondía un aumento de tensión y a cada exhalación su liberación.

Durante todo el proceso, se trataba de parar el *ruido* o *diálogo interior*, considerado como una interferencia inútil de lo cotidiano. Esto era difícil de conseguir ininterrumpidamente, por eso se pedía a cada actor que, en caso de reincidencia del *ruido*, detuviera el proceso y respirara percibiendo la introducción del aire por las fosas nasales, hasta pararlo nuevamente. Naturalmente cada actor seguía su propio ritmo, no se esperaba que todos se relajaran al unísono y de la misma manera. Al concluir se establecía:

III) La comunicación no verbal, que consistía en mirarse a los ojos desde el nuevo estado producido por la relajación. En este punto podían aparecer reacciones mecánicas que impidieran comunicar, solo con la mirada, una manera de *estar*. Tampoco habría que modificarlas, solo darse cuenta de ellas. Enseguida se pasaba a la:

IV) Comunicación Verbal, donde cada integrante del grupo que lo deseara compartía con los demás el resultado de su experiencia en la relajación. Esto se hacía de manera breve y sintética. Después se hacían ejercicios de:

V) Movimiento en el espacio. Desplazamientos en distintos tiempos, variación de pesos, niveles, volúmenes, líneas, movimientos libres con sonidos, en silencio o con música.

VI) De relación y contacto físico. Aprovechando el movimiento en el espacio se hacían pausas en diferentes momentos, en las que se abrían los ojos y desde el lugar, posición y estado emocional alcanzado se buscaba relación con los demás. A veces ésta se daba en el transcurso del movimiento, mediante el contacto físico de los cuerpos y, cuando esto ocurría, los propios actores decidían el tipo de relación que establecían. No era así en otros momentos específicos en los cuales todo el grupo hacía, por parejas, un reconocimiento corporal, o cuando un actor ayudaba a otro en su relajación. Por último venían los ejercicios de:

VII) Energía. Estos eran ejercicios para *cargarse*, para entrar en contacto con la propia energía y poder proyectarla. Tres eran por lo general los más practicados: a) Vibración. Con las rodillas flexionadas, la pelvis hacia el frente, el tronco ligeramente inclinado hacia atrás y la cabeza y los brazos sueltos se respiraba aumentando el ritmo hasta originar un movimiento vibratorio que iniciaba en las piernas y se expandía por todo el cuerpo; b) *Cargar* y *descargar*. Con la posición anterior (excepto los brazos, que se extendían hacia el frente) y con las manos abiertas, el actor llevaba hacia sí el aire y contraía su cuerpo, y en un segundo movimiento lo expulsaba con el correspondiente movimiento del cuerpo. El ritmo también aumentaba paulatinamente, y c) Manejo de la agresividad. El actor se colocaba frente a cada uno de los demás miembros del grupo y con la mecánica de *carga y descarga*, apoyado principalmente en la pelvis, lanzaba toda su energía pronunciando la palabra: *toma*, acción que repetía cuantas veces quisiera, quedando al actor que la recibía la opción de responder o no de la misma manera.

Este trabajo actoral debía ser mesurado y prudente, requería —por parte del maestro— el conocimiento experimental de cada paso y su participación directa, pues no se le concebía como un instructor o facilitador que diera órdenes desde fuera. Para poder pedir algo al otro tenía que hacerlo él mismo.

El entorno cultural crea una estructura de comportamiento que se manifiesta corporal, intelectual y espiritualmente. Con la sensibilización se trataba de construir una nueva estructura para ampliar las bases de la experiencia del actor.

2. Relaciones dramáticas en el espacio

Las Relaciones dramáticas en el espacio son, dentro del método de Valencia, las relaciones que crea el actor en el espacio con respecto a los otros actores y con un carácter significativo para el espectador.

La presencia del actor en el escenario tiene un potencial en tanto que al situarse en un punto cualquiera carga de sentido el espacio. Más allá de la proxémica, las relaciones dramáticas en el espacio contribuían a crear consciencia en el actor de las posibilidades expresivas de su cuerpo dentro del espacio.

El proceso de trabajo era:

I) Ubicarse en cualquier punto específico del espacio que cada uno escogía al azar y se dirigía ahí aspirando al avanzar y exhalando al detenerse.

II) Escoger lúcidamente el lugar.

De manera simultánea se encuentra un sentido de movilidad orgánica al usar la respiración, pues al momento de inhalar el cuerpo se siente más ligero dando una sensación de fluidez y, al momento de exhalar, se siente como baja el peso a la tierra. Es de gran importancia que se maneje un tercer momento entre exhalación e inhalación, pues es cuando se puede *estar* y solo entonces se adquiere consciencia de los cambios causados en el entorno por el movimiento y presencia propios, así como de los otros. Este ejercicio se realiza de manera grupal, por ello el actor se encuentra inmediatamente con el hecho de que su movimiento y su presencia transforman el espacio y crean relaciones con los otros participantes. En consecuencia se produce significación.

El objetivo de este trabajo es comprender orgánicamente que cualquier irrupción en el espacio escénico no es impune. Que una misma ubicación en el espacio, pero con cambio de postura genera diferentes sentidos para el espectador, y que si las relacionamos con un compañero en el espacio, la posición del otro compañero, el uso de niveles y la ubicación del espectador, se abre una serie infinita de posibles combinaciones. El actor puede entonces tomar consciencia del uso del espacio con respecto a su presencia y buscar lúcidamente el lugar adecuado para comunicarse.

Como se puede comprender, al avanzar en las siguientes etapas el trabajo del actor se complejizaba cada vez más exigiendo mayor apertura y cuidado.

El *Método Valencia* ha sido diseminado por quienes fuimos sus *compañeros de viaje* en distintos proyectos formativos y creativos como la entrañable teatrista comunitaria Susana Jones; Francisco Acosta, fundador del Centro de Artes Indígenas en Papantla, Ver.; Alejandro Ortiz, académico universitario; por actores como Gerardo Trejoluna quien ha mostrado con suficiencia las ventajas de una formación actoral basada en los postulados valencianos y por sus discípulos, especialmente Eduardo Cassab, cuyo testimonio permite valorar la *efectividad* y *afectividad*[13] de la propuesta:

> Darse cuenta que es posible estar de otra manera en el escenario me deja siempre el deseo de volver a estar así. Si no así, mucho más profundo. Pero eso es lo que me deja. El otro teatro [se refiere al que se hace por *oficio*], aunque me pueda dar para comer, y fama y fortuna solo me deja eso. Pero dejarme realmente arraigado... *Prometeo* me dejó la riqueza de haberlo hecho y de hablar de lo que realmente me importaba. Todavía, tantos años después, me queda la inquietud. [Y en cuanto a la aportación del método, dice:] El método lo que te pone en alerta es "[tu] eres lo más importante" y a partir de mí, el otro, y si yo soy el otro, lo más importante soy yo y el

---

[13] Se trata de dos conceptos claves en la propuesta transdisciplinaria para modificar la actitud que impera en el pensamiento de la modernidad basado en "la eficacia por la eficacia".

otro. Eso es lo que a mí me deja el método. Eso es lo que a mí me dejó trabajar con este método. Y el teatro se toma como una herramienta externa, lo voy a usar, me voy a subir porque quiero algo, voy detrás de algo, quiero decir algo. Si no, blablablá… Lo otro, donde estoy totalmente involucrado ¿qué importa el nivel? Ese es más interesante. Hacerse consciente de su respiración, eso hace que el teatro me siga entusiasmando. (Cassab en Herrera 2006)

La actuación es un proceso de autoconocimiento en busca de una teatralidad lúcida y crítica, el método de Rodolfo Valencia es aplicable a todo proceso de formación actoral pues evita deformar al individuo al someterlo a las formas y exigencias dominantes, sino abrirlo dentro de sus propios marcos culturales con la posibilidad de que, al remitirse a sí mismo, alcance la liberación interior necesaria para expresarse.

La propuesta de Valencia integra la actuación/transformación para el teatro pero sobre todo para la vida.

Después de muchos años de investigación el maestro Valencia llegó a identificar el sentido último de su búsqueda:

> conseguir la abstracción, es decir, un manejo de este lenguaje que lleve a la abstracción… que traería como consecuencia, idealmente, un teatro que vuelve a ser rito, no un rito establecido por una cultura a partir del mito, sino a partir del rito que nos corresponde y que yo llamo *El rito de los hombres sin Dios* o *El rito asociado a la muerte de Dios* establecida por Nietzche; es decir, un rito no religioso, sino un rito eminentemente humano, lógico, de seres humanos entre sí donde todos los participantes viven una experiencia sensible que coadyuva a su expansión como ser humano. (Valencia en Adame 2008, 33)

De la misma manera, su rechazo al personaje concernía con la *no identificación*. Para ser un actor verdadero, uno debería ser un hombre verdadero, alcanzar la calidad que se obtiene al combinar el nivel de consciencia con la frecuencia de vibración de la energía (Brook 1997), de este modo es posible estar verdaderamente presente en escena.

En síntesis, la concepción estética y ética de Rodolfo Valencia puede resumirse de la siguiente manera:

-El teatro es un acto donde se expone, no se representa, la humana condición. El verdadero aprendizaje consiste en contrastar —en el momento de realizar una acción— lo que uno *cree saber* con lo que motiva y da sentido a dicha acción.

-La creación no es un misterio, sino la suma de lucidez, disponibilidad y genuino deseo de comunicarse.

-El teatro ayuda a abrir los sentidos, la mente, el corazón, el cuerpo.

-Los verdaderos diálogos son francos y profundos mediante la palabra sincera, no complaciente, a veces dura, otras suave y gentil pero siempre respetuosa.

-Es importante contar con profesionales del teatro con estudios universitarios.

-No se debe confiar en doctrinas y hay que dudar de los maestros.

-Hay que transitar el camino para conocer nuestras limitaciones, máscaras y miedos.

-Un creador debe consagrar su vida al cambio: como artista, como maestro y como persona.

Rodolfo Valencia fue un ser complejo: congruente en sus contradicciones, luminoso en sus momentos de oscuridad y libre dentro de sus dependencias. Es ejemplar por su entrega absoluta al arte escénico y su honestidad ante la vida, su objetivo tiene, a la vez, de elevado y humilde: transparentar su alma y permitirse tocar sus más profundos sentimientos.

Valencia, antes de morir, fue a respirar y a cargarse de energía con sus estudiantes de la UNAM, para poder seguir actuando en el escenario cósmico.

Peter Brook: Más allá de la contradicción, la estructura ternaria

El itinerario de Peter Brook refleja su inagotable espíritu de búsqueda. Sus experiencias teatrales y su trabajo personal permiten apreciar la calidad de las relaciones que establece consigo mismo y con tantos creadores y culturas con las que ha convivido. Con su actitud honra la dimensión sagrada del linaje teatral.

Brook es pionero de la transculturalidad. La realidad de tal apertura es testificada por su trabajo de investigación emprendido hace más de cuarenta años con su compañía del Centro Internacional de Investigaciones Teatrales con actores provenientes de nacionalidades y culturas diferentes; sin embargo el éxito popular de representaciones como *Mahabharata*, *La Tempestad*, la *Conferencia de los Pájaros* y *Carmen* en diversos países del mundo, afirma Basarab Nicolescu (2011b), muestra que lo que atraviesa y va más allá de las culturas es tan accesible como nuestra propia cultura. Esta percepción es ante todo una *experiencia* irreductible a toda teorización.

La conexión de Brook con la transdisciplinariedad proviene de las enseñanzas de Gurdjieff. Nicolescu muestra nítidamente, en su ensayo *Peter Brook y el pensamiento tradicional* (2011b), la afinidad del director inglés con esa estrategia. En dicho texto y en *Una dimensión diferente: La calidad* (Brook 1997) se encuentran elementos que nutren al Transteatro, especialmente la triada fundamental de su investigación: "energía, movimiento e interrelaciones". Esta estructura ternaria, gracias a la cual se trasciende el binarismo, ha sido planteada, afirma Nicolescu, tanto por pensadores tradicionales (Zeami, Jakob Böhme o Gurdjieff), como por filósofos cuyos pensamientos tienen bases científicas (Ch. Sanders Pierce y Stépanhe Lupasco), y agrega:

> La contradicción es simplemente la correlación dinámica de tres fuerzas independientes, presentes simultáneamente en cada proceso de realidad: una fuerza afirmativa, una fuerza negativa y una fuerza conciliatoria. Por lo tanto, la realidad tiene una estructura dinámica ternaria, una estructura trialéctica. (Nicolescu 2011b, 22-23)

A partir de Brook se infiere que la premisa del creador escénico transdisciplinario es permitir que las cosas sucedan. Es necesario, desde luego, estar siempre presentes, conectados con la energía cósmica mediante un trabajo permanente para alcanzar la meta del arte y de la vida: la *calidad,* que el director inglés caracteriza así:

> La idea de que la conciencia es una parte integrante de la energía y de que el nivel de conciencia está inevitablemente ligado a la frecuencia de vibración de la energía, no se encuentra por ninguna parte en la ciencia contemporánea. Si el trabajo de Gurdjieff es profundamente pertinente es porque nos hace percibir leyes fundamentales que abarcan todo el campo labrado, época tras época, por sabios y artistas. Esto permite situar cada manifestación en su interrelación con las otras en función de un factor que incorpora la experiencia humana: es un factor que percibimos, reconocemos y hablamos de él aunque permanezca indefinido. Lo llamamos "calidad". (Brook 1997, 90)

Y aclara que:

> La verdadera calidad es una realidad objetiva, está regida por leyes exactas: cada fenómeno se eleva y declina, grado por grado, según una escala natural de valores. Encontramos una ilustración concreta de esto en la música: el paso sonoro de una nota a otra transforma su calidad. Cuando un sonido al-

canza el punto más alto de una octava, la nota inicial se produce para comenzar una octava más alta. La nota es la misma, pero colocada en otro nivel, engendra un sentimiento distinto. (1997, 92)

Brook comparte la visión de Grotowski y Valencia del actor como un *Sujeto complejo* en unidad que, si bien se asume como miembro de una cultura, no se limita a ella en su proceso creativo; un actor que, al tomar consciencia de su cuerpo, entra en auténtico contacto personal y se coloca frente al otro en un tiempo y espacio compartido; que se pregunta cómo alcanzar a través de una concepción transgresora del teatro un estado de presencia/consciencia para permitir un verdadero encuentro entre seres humanos. Un sujeto que propone y diseña mecanismos que aceleran y purifican su vibración para reconectarse con el cosmos, lo cual puede permitir la emergencia del Tercero oculto.[14]

Grotowski y Valencia participan de la tríada fundamental de Brook: "energía-movimiento-interrelaciones" y de otras más como "consciencia-presencia-calidad", "mente-cuerpo-emoción" que constituyen un tejido complejo y confirman lo ya dicho sobre la correlación dinámica de tres fuerzas independientes.

Afirma Peter Brook:

> Cuando las energías que están actuando entran en relación con energías de un orden diferente de vibración, se produce un cambio de calidad que puede conducir a experiencias artísticas intensas y a transformaciones sociales. Pero el proceso no se detiene allí: continúa alimentándose de las energías más altas, la consciencia se eleva hasta una escala superior que transciende el arte y puede a su vez conducir al despertar es-

---

[14] En el siguiente capítulo se exponen los principios y conceptos clave de la Metodología transdisciplinaria.

piritual; eventualmente, incluso, a la pureza absoluta, a lo sagrado; pues lo sagrado mismo puede ser comprendido en términos de energía, pero de una calidad tal que nuestros instrumentos no están en capacidad de registrar. (1997, 93)

Cuando el teatro hace que lo invisible se haga visible, más que teatro sagrado es Transteatro.

II. Del Teatro al Transteatro: la Transdisciplinariedad

Teatro y cultura en los albores del siglo XXI

Es necesario hacer la revisión de aquello que todavía llamamos *Teatro* y preguntarnos si expresa lo que deseamos. Esta es una tarea permanente para hacer avanzar cualquier práctica al ritmo de la humanidad.[15] Por ello preguntamos: ¿Cuál es el estado en que nos encontramos como sociedad? ¿Es posible dar vida a la Comunidad Planetaria del Siglo XXI?

Cuando en distintas partes del mundo la muerte, la destrucción, el odio, la avaricia, la falta de solidaridad y la indiferencia amenazan con destruir lo que nos queda de humanidad, es precisamente entonces cuando puede emerger lo que nos hará resurgir. ¿Resiliencia? Sí, es una vía, pero si el objetivo es no reincidir, se necesita una transformación que modifique radicalmente lo que generó las condiciones actuales.

Por nuestra parte tenemos la intuición, primero, que ver el teatro en su sentido de representar historias y de generar ficciones —es decir el que nos legó la modernidad, e inclusive el que se considera postmoderno— no corresponde cabalmente a los desafíos del presente y, segundo, que no es con la *resiliencia social* como podremos construir la comunidad planetaria del siglo XXI.

Vivimos en una era que Basarab Nicolescu llama Cosmodernidad, la cual está fundada en una visión de la interacción que existe en nuestros días entre ciencia, cultura, espiritualidad, religión y sociedad (2014).

Se trata, pues, de ir más allá de todo lo conocido para romper el círculo vicioso en el que por milenios hemos vivido. Esta posibilidad la puede ofrecer, desde nuestro punto de vista lo que con otros investigadores, como Oldair Soarez[16] en Brasil, hemos llamado

---

[15] Sobre la necesidad de una reconceptualización en la perspectiva de trascender los límites disciplinares véase (Adame, 2011b).

[16] Ver (Adame 2011b, 39).

Transteatro, el cual deberá tener una energía capaz de transformar todo aquello que destruye y deshumaniza en una fuerza benéfica que humanice y construya. Para ello tendrá que ser transresiliente ya que no solo permitirá superar situaciones dolorosas y crueles sino que, al comprenderlas —por más incomprensibles que parezcan— sea posible ir más allá de un simple regreso al estado de origen.

El concepto *Resiliencia* ha sido utilizado multidisciplinariamente en los ámbitos de la psicología y el teatro. Actualmente, desde la psicología positiva, se le considera centrado en las capacidades, valores y atributos de los seres humanos. Esto, de entrada, resulta paradójico: ¿cómo una persona que ha estado expuesta a situaciones dolorosas y adversas podrá conectarse con sus capacidades, valores y atributos positivos? El enfoque resiliente está referido sobre todo a individuos, con la intención de que alcancen un estado de excelencia profesional y personal desde el punto de vista de la eficacia de la sociedad capitalista en la que vivimos. Pero también se emplea la noción de Resiliencia social cuando un grupo, estructura social o nación intentan sobreponerse a situaciones que han afectado su cohesión (Uriarte 2013).

Ejemplos recientes de Resiliencia Social en Latinoamérica los tenemos en las experiencias de Chile y Argentina. En *Cien años de teatro argentino,* Jorge Dubatti ofrece una minuciosa síntesis del teatro de la posdictadura y dice: "el trauma de la dictadura y sus proyecciones en el presente y el pasado inmediato han obligado a la Argentina a replantearse formular el concepto de país y de realidad nacional, han exigido repensar la totalidad de nuestra historia" (2012, 205), en consecuencia, afirma, "en la Argentina se experimenta el sentimiento de que nada puede ser igual después de la dictadura de 1976-1983" (2012, 204).

La pregunta que emerge es ¿cómo puede asegurarse que esto no volverá a ocurrir?

Ramón Griffero, quien tuvo que salir de Chile a causa de la dictadura de Pinochet, da una respuesta poco optimista:

Así cuando la gente a partir de nuestras tragedias sociales esgrime la consigna del: "Nunca más" y salen con los letreros, y la comunidad se compromete con ese mea culpa del: ¡Nunca más asesinatos! ¡Nunca más desaparecidos! ¡Nunca más torturas! ¡Nunca más guerras!... Lo más lamentable es que la historia parece decirnos que es un "Siempre más", y el "nunca más", es solamente la ilusión de nuestra propia convicción. Y pareciera que el gesto de creación artística logra, a través de su otra dimensión ficcional, construir aquellos sueños y deseos que no logramos plasmar. Por eso señalé que: "Adoro las balas de la ficción porque nunca han manchado de sangre el escenario". Es para sobrepasar esa dicotomía, donde surge la fascinación que tenemos por el arte como aquella otra dimensión paralela que nos permite plasmar nuestros sentir, nuestras ideas, nuestras visiones del mundo, nuestros develares siendo autores de un hacer. Alejados de la ficción institucional. (71-72)

Vemos al teatro como una celebración de lo humano, como un espacio de reconexión con todo lo viviente y también como la manifestación sorprendente de la creatividad individual y colectiva.

Hoy, en México y en el mundo ese espíritu se muestra invertido: se aplaude lo inhumano, los espacios públicos están llenos de policías armados hasta los dientes y la creatividad se ha convertido en habilidad sistemática para manejar artefactos y para manipular o controlar a los individuos.

Frente a la perspectiva de una nueva epistemología es pertinente preguntar si la manera de hacer teatro hoy es válida para permitir nuestra transformación en tanto sujetos plenamente humanos, no solamente en los escenarios, sino fuera y dentro de todos los juegos de roles sociales.

Como mexicanos que somos, y sin dejar de reconocernos como sujetos planetarios, nos preguntamos: ¿cual es el papel y el lugar del teatro en una sociedad local transgredida y fragmentada, y en una sociedad global que se debate en guerras? Consideramos que es necesario repensar el teatro para restituirle su dimensión sagrada, comunitaria y humana; esto quiere decir: aprender a realizar acciones cuyo objetivo sea contribuir a una existencia digna, aprender a conocer y a compartir valores comunes para una integración solidaria y comprensiva. Dicho de otra manera, vivir una experiencia *transdimensional* donde se conjuguen lo cognitivo, lo poético y lo ético.

Es evidente que las relaciones humanas se han transformado y si observamos con interés a nuestro alrededor podremos darnos cuenta que la manera de vivir de los jóvenes, sobre todo en los países que se consideran ricos, está ligada cada vez más a la tecnología (computadoras, teléfonos celulares, consolas de juego, entre otros aparatos), lo cual a corto o mediano plazo puede producir su aislamiento en un mundo donde la realidad se viva como ficción.

Según los principios transdisciplinarios es posible visualizar un teatro por y para la creación y recreación de conocimiento como saber sensible, que provea a la existencia de sus más bellos atributos y permita la comprensión del mundo en su realidad compleja. Un teatro que permita la emergencia de sinergias que transformen la fatalidad destructiva en destino creador.

Hace algunos años cada uno de nosotros inició proyectos que buscaban corresponder a la necesidad de un teatro más conectado con las personas y con el cosmos. Al paso de los años y luego de nuestro encuentro con la transdisciplinariedad dichos proyectos se transformaron, sin perder su intención original, en una investigación de carácter teórico: la Transteatralidad (desarrollada por Domingo); y en un campo de práctica activa: el Transteatro (compartido por ambos), sin que exista separación entre ellos, dado que se nutren mutuamente.

El teatro: manantial de resonancias cósmicas

La verdad es que todos los que estamos vivos en este instante, en cualquier parte del planeta, estamos destinados a sobrevivir en el tiempo de los asesinos.

Pero entrando en materia ¿para qué sirven la cultura, el teatro, los servicios de salud?

Quisiéramos dejar bien asentado que, en nuestra opinión, la idea de cultura, salud, justicia, equidad, organización política y social son —en esta sociedad global— ideas totalmente mal entendidas, deformadas muchas veces de manera perversa y mal intencionada.

Por ejemplo, es evidente que entre muecas de mutua complacencia, salud y cultura de consumo bailan al ritmo que tintinean las monedas. Venden —contenta y monetariamente— la estructura de su consciencia al mejor postor. Ya no hay ética sino conveniencia.

Imagínense: nos dicen que estar sanos significa, esencialmente, estar aptos para *trabajar*, trabajar al servicio del sistema. ¡Qué espanto! ¡Qué cosa más abominable! No bastaron los aullidos de André Breton gritándonos en su *Nadja* (2007) que nos demos cuenta de que, a través de ese *trabajo* no vamos a encontrar el sentido profundo de nuestra vida. Que tengamos que realizarlo como un servicio, sea, pero que lo glorifiquemos y nos engañemos aceptando que así es la vida... más valdría, como dice Octavio Paz, "mejor ser lapidado que dar vuelta a la noria que exprime la substancia de la vida, vuelve la eternidad en horas huecas, los minutos en cárceles y el tiempo en monedas de cobre y mierda abstracta" (Paz, 2008). ¿Debemos estar sanos y aptos para *trabajar* de esa manera? ¡Por favor! ¡Debemos estar sanos y aptos para disfrutar el "buen trabajo" que celebra la vida y nos permite realizarnos como seres humanos! ¿Qué o quién nos ha llevado a pensar de otra manera?

Es claro que en la actualidad algunos médicos y científicos intentan suplantar a la religión, entronizándose como los nuevos profetas de la sociedad, cuando en realidad, la mayoría, solo fungen como simples ajustadores de la salud pública, para que la gran maquinaria funcione.

Nosotros nos preguntamos qué es la felicidad en una sociedad esclavizada. ¿Lamer las cadenas y los barrotes tecnológicos de nuestro cautiverio? ¿Ser felices lengüeteando nuestra maquinita digital?

Tecnología juguetona y novedosa disfrazada de evolución, que nos facilita la comunicación, la información, el trabajo y, además ¡nos divierte! Y sí, en realidad funciona bien, muy bien. Pero también nos dispersa y aletarga, volviéndonos adictos a esta droga mediática, debilitándonos y aumentando nuestra fragilidad frente a la bestia voraz que todos llevamos dentro, y cuya única aspiración es *ser alguien* en esta sociedad. ¡Puro ego!

La serpiente nos engañó otra vez y volvimos a morder el fruto prohibido —fíjense en el logo de la manzana: la mordida está dada y su veneno electrónico ya circula en nuestras venas—.

Pensamos que, en ese sentido, la mayor parte de la cultura, la política y la medicina ejercen, perversa y arrogantemente, su función de guardianes carcelarios y nanas de una sociedad *intencionalmente* discapacitada, superficial y miedosa.

Y a la alta cultura, entendida como la define excelentemente Vargas Llosa en su libro *La civilización del espectáculo* (2012), ¿el sistema le facilita su papel de ayudarnos a crecer, a madurar, a liberar la consciencia, como es su responsabilidad? ¿O más bien promueve una pseudo-cultura que nos empalaga y dispersa nuestra *atención* del verdadero sentido de la vida? Una cultura que nos vende la idea de que la auténtica felicidad es ser un ganador, tener seguridad y confort, pero que, en realidad, nos distrae y aletarga. Nos dicen que si tenemos algunas urgencias reservadas, secretas, debemos satisfacerlas a escondidas para no despertar con nuestra boruca a los esclavos felices. Comportarnos hipócritamente y manejar con maestría la doble moral es, nos enseñan, saber hacer bien las cosas. Esa es la mañosa ética de nuestro mundo, esa es, según ellos, la felicidad y el éxito. Estamos ante el triunfo de los elegantes tramposos.

Para nosotros, sin embargo, la función de la cultura es ayudarnos a crecer y a evolucionar nuestra consciencia.

Nosotros, como gente de teatro, ¿qué alimento le ofrecemos a nuestra sociedad? ¿Únicamente distracción y show, o una experiencia que favorece el autoconocimiento, la expansión interior?

Las impresiones son alimento para la consciencia. Ustedes saben que sin comida, pero con agua, un ser humano resiste, más o menos, cuarenta días. Sin agua, no dura más de dos o tres días. Sin aire, no duramos más de cuatro o cinco minutos. Y sin impresiones, no duramos más de cuatro segundos. Se podría decir, entonces, que el alimento más sutil para el ser humano son las impresiones, no dejamos de recibirlas ni un solo instante, y el teatro, como sabemos, es un manantial de impresiones, un alimento esencial para nuestra salud que, como todas las bellas artes, debería estar considerado dentro de la canasta básica, y no lo está.

Pero ojo, ya en el rubro específico de la creación de impresiones, debemos definir que hay impresiones de fisión, es decir, de rompimiento, e impresiones de fusión, de entrelazamiento. Las dos producen energía, pero de una manera totalmente opuesta: fisión/rompiendo, fusión/tejiendo. La fisión genera un sentimiento de aislamiento y, por lo tanto, de miedo; la fusión, en cambio, provoca un sentimiento de cohesión y unidad. La fisión es fría, gélida, la fusión es cálida y acogedora.

La fisión, en cualquier actividad humana, al romper y aislar, nos provoca sentimientos egoístas y fomenta las más bajas pasiones; nos lastima y nos desintegra provocándonos sufrimiento y resentimiento; desgarra nuestro tejido social y nos deja nihilistas y rotos, divididos, dispuestos al odio, circulando miedosos en el laberinto del sinsentido que termina por ahogarnos en acciones poco edificantes y promotoras de un consumismo que utilizamos para mitigar la angustia de estar vivos, sin encontrar nunca la satisfacción.

Estas son una serie de impresiones que lenta y metafísicamente nos convierten en zombis, en monstruos esperpénticos que realizan cualquier actividad siguiendo únicamente las reglas, aplicándolas mecánicamente, a rajatabla, sin criterio. ¡Imagínense: estatutos y reglas que nulifican el criterio humano! ¿Nos damos cuenta de la aberración? Eso es trabajar para el *establishment*, para eso nos quieren aptos.

El teatro que fisiona es un teatro promotor del consumismo que se vuelve un alimento que, metafísicamente hablando, nos convierte en una especie de mofletudos de consciencia.

Un teatro que fusiona, conecta, reteje nuestro sentimiento de unidad, es un teatro auspicioso que nos permite descubrirnos integrados, ensamblados con el universo, contentos y dispuestos al contacto. Eso es un teatro de fusión transdisciplinaria.

Nosotros estamos interesados en una cultura de fusión, en hacer un tipo de teatro que conecte y reteja nuestro sentimiento de unidad, un teatro auspicioso que permita descubrirnos integrados, ensamblados con el universo, contentos y abiertos al contacto.

La *transdisciplinariedad* recoge el sentido profundo del fluir de la vida, que no es sino un tránsito. Como nos lo recuerda la poesía náhuatl, "solo un rato aquí" (León Portilla, 1963).

Tránsito libre en el pensamiento, en la palabra, en la acción, sin miedo, sin otro compromiso que el de honrar a la auténtica jerarquía que rige al universo, es decir, la Verticalidad cósmica conectada con la inteligencia superior, escalera, umbral para acceder al misterio. Jerarquías naturales, no artificiales o trampeadas, que amarran de una manera muy afortunada la estructura arquetípica del ritual, el cual, como nos instruye Victor Turner, "transporta y transforma" (1982).

Nuestra investigación teatral recoge la premisa de transportar al espectador, física e internamente, sabiendo que las impresiones que reciba durante dicha transportación terminarán provocando en él una transformación, siempre y cuando el proceso se realice con una mente atenta, abierta y despierta, es decir, con *mindfulness*, esta técnica ancestral que nos ayuda a desarrollar la *atención*. Técnica milenaria, desnuda ahora de sus múltiples bagajes culturales, presente solo en su esencial inocencia. Una especie de sacralidad secular que hoy nos permite dar un brinco de consciencia para ponernos en otra perspectiva, con el único fin de estar atentos y no perderle el paso a la velocidad y al sentido del baile en el que el universo se balancea.

Ahora lo sabemos, la energía en el universo es un torbellino, un vórtice. Acaban de certificar la existencia de las ondas gravitacionales anunciadas por Einstein hace casi cien años.

¿Saben ustedes a cuántos kilómetros por segundo va la tierra en este instante alrededor del sol? A 30 kms. por segundo. Además, ese sol gira en espiral, en un vórtex, alrededor del centro de la galaxia a 200 kms. por segundo; y esa galaxia se mueve a través del universo a 600 kms. por segundo. O sea que hace miles de kilómetros que empezaron a leer estas palabras, y la percepción de muchos podría ser que aquí no ha pasado nada. Y sin embargo, se mueve.

Hoy en día, nos encontramos en el umbral de un cambio de paradigma que nos permite captar con mayor fidelidad que la vida es, en realidad, como dice el poeta José Gorostiza, "un sueño desbocado que se mira a sí mismo en plena marcha" (1964). Y ser conscientes de este sueño desbocado implica una transformación continua. Decir y sostener esto en voz alta es de alto riesgo. Pero si queremos avanzar es un riesgo que tenemos que correr juntos.

Sin embargo, ¿sabemos hasta dónde puede llevarnos esta transformación? ¿Tal vez hasta poder escuchar el llamado de los ángeles, el canto de las sirenas o la música de las esferas, las ondas gravitacionales? ¿Podemos llegar a comunicarnos de esa manera? ¿Cuáles son en realidad nuestros alcances?

Se sabe que el sonido viaja a 343 metros por segundo. Si te decimos: ¡despierta! y nos escuchas a más de 343 metros de distancia, el sonido te llega un segundo después. ¡Despierta! Aunque nuestro grito fuera lo suficientemente fuerte como para que nos escucharas a 1,100 metros, nuestra voz te llegaría 3 segundos más tarde.

Si te dijéramos ¡despierta! a la velocidad de la luz, que viaja a trescientos mil kilómetros por segundo, y si tú pudieras ponerte a un millón de kilómetros de distancia, recibirías nuestra señal tres segundos después, porque la velocidad de la luz pierde un segundo en el tiempo cada trescientos mil kilómetros.

Sin embargo, ¡sorpresa! La sinapsis del pensamiento es instantánea en todo el universo. No hay transmisión más veloz. El ¡despierta! con una intención mental completa, resuena instantáneamente en todo el cosmos.

El pensamiento es, entonces, tecnológicamente, la herramienta de comunicación más rápida y poderosa. Eso es salud y plenitud. Está comprobado que el pensamiento es más veloz que la velocidad de la luz.

Siendo el actor un comunicador, tiene que conocer y dominar su mente, porque actuar es aprender a pensar. Pero, ¿qué pensamos? ¿Alguna vez nos pensamos universo?

Como actores, debemos educar y afinar nuestro viento mental con tal precisión que nuestros pensamientos puedan convertir al teatro en un manantial de resonancias cósmicas.

Nos preguntamos, ¿un actor que se piensa y se siente universo, logra que su consciencia se expanda de tal manera que, al verlo, al sentirlo, nosotros percibamos al universo entero? ¿Es posible? ¿Ustedes qué creen?

La realidad es que sí: somos universo, y lo único que nos impide darnos cuenta de ello es nuestra basura racional, emocional, acentuadamente egocéntrica e inútil.

McLuhan decía que nos convertimos en aquello que contemplamos (1997). Contemplar algo mentalmente es crearlo, y va de la mano con el *como sí* de Stanislavski.

Por eso, cuando vemos a un actor que se coloca en su lugar en el universo, que está presente en el instante vivo, percibimos que las energías se cumplen y los vértices de la realidad refulgen. Sí, sin duda alguna, cuando un actor toca ese registro por mímesis nos revela al cosmos que somos.

¿En qué escuela se educa a los actores y, en última instancia, al ser humano, para *ser, saberse, sentirse universo*?

Ya no hay Eléusis, ya casi no hay teatro con raíz, cada vez es más difícil, en cualquier manifestación artística, encontrar el camino a *la Fuente*.

En el Transteatro, a nosotros, nos toca insistir, porque no cabe la menor duda de que por ese camino está la salud, el júbilo y el contacto con la danza que se danza y se canta a sí misma.

Le perdemos el paso al ritmo del universo e inmediatamente nos tropezamos y caemos enfermos, desorientados, débiles. Vamos a su diapasón, y la exaltación y el entusiasmo nos embriaga y arrebata. En esa exaltación está contenida la auténtica salud social. Así que la convocación poética de un escenario vivo, cósmico, un verdadero canto-encantamiento, es tan importante o más que la penicilina.

"La salud de los pueblos se reconoce en su arte", dicen los que saben. Un arte comprometido, —como el del México antiguo, por ejemplo, con el espejo de Tezcatlipoca— es espejo de la consciencia y del crecimiento interior.

Para alcanzar lo mejor de nosotros mismos primero tenemos que darnos cuenta de lo que nos funciona mal; darnos cuenta, por ejemplo, de que estamos domesticados por el miedo a la enfermedad, a no tener dinero, a la falta de seguridad, de solidaridad, de reconocimiento, miedo a ser rechazados. Entonces la falta de sentido en la vida nos ataca y el desamparo del nihilismo nos vuelve violentos. Pero, nuevamente Octavio Paz, "Desde Babilonia a la fecha, no hay sentido, solo hay búsqueda de sentido" (Domínguez 2014).

Es necesario ayudarnos en esta búsqueda para recuperar la fuerza y el color de las acciones plenas, su bondad básica, para ser capaces de ser y morir en un vuelo en donde la vida sea un festín.

Para todos es sabido que hay un teatro comprometido con el éxito económico y el relumbrón, con la moda y el disloque de consciencias. En ese sentido hay que reconocer, también, que hay un tipo de teatro capaz de convertirse en una especie de *manantial secreto, secreto* no porque así lo pretenda, ni por ningún oscurantismo metafísico, sino porque la industria del espectáculo acaparadora y controladora de todos los espacios, deja solo la posibilidad de tomar por asalto algunas catacumbas: espacios alejados de las simulaciones y de los compromisos en los que algunos grupos hemos logrado refugiarnos.

Hay muchos ajustes de percepción en relación a nuestra realidad: estamos mal informados de cómo funcionan las cosas en el universo. Nuestra comprensión nos ajusta, aparentemente, a la realidad, y dispara nuestro sistema de creencias. Una vez disparado, se solidifica en una 'visión de la realidad'.

Debemos trabajar para lograr la afinación de nuestra intención mental, con tal precisión que nuestros pensamientos puedan convertir al teatro en un manantial de resonancias cósmicas.

Hablamos de una cultura que nos ofrezca la posibilidad de tejernos —entre todos— a nosotros mismos, de reconocer las fibras de un universo que se refleja en nuestras miradas y en nuestras acciones. Esa es la Transteatralidad.

La Transteatralidad reestructura las puertas de la razón, para dejar entrar en nuestro interior la corriente energética de una fuente de intuición que puede revitalizar nuestra demacrada condición de animalitos domesticados —domesticados por el miedo a la enfermedad, a la falta de dinero, a la falta de seguridad, de certidumbre, de solidaridad, de reconocimiento—, y ayudarnos a recuperar la fuerza y el color de las acciones plenas, como reír, gritar y llorar de placer al descubrirnos capaces de morir en el vuelo.

Una nueva visión del mundo: La Transdisciplinariedad

En el campo epistemológico se vive por lo menos desde hace veinte años con el lanzamiento en 1994 de la Carta de la Transdisciplinariedad en Arrábida, Portugal (Nicolescu 2009a, 102-107) un cambio radical con respecto al paradigma de la ciencia moderna, si bien su origen se remonta a la década de los setenta con Jean Piaget. A partir de ese momento un grupo de intelectuales y artistas se dedicó a revisar el estado actual de la sociedad, generado por la manera de concebir la realidad en Occidente a partir de la modernidad.

La tradición moderna-occidental del pensamiento académico está fundada en preceptos, costumbres y metodologías aparentemente bien establecidas y homogéneas tanto para doctos, como para seguidores de la ruta de la academia. Este estado de cosas se consolidó con base a los fastuosos logros que el maridaje ciencia-tecnología ha venido ofreciendo a la humanidad desde hace por lo menos trescientos años. En este punto resulta esencial hacer una distinción en el sentido de que el pensamiento científico moderno no es de una sola pieza, empezando porque existe una distinción básica entre las ciencias naturales y las sociales, así como entre el pensamiento humanista y artístico. Por otra parte, dentro de cada uno de estos campos, existe una multitud de escuelas de pensamiento. No obstante, la mayoría de estas escuelas y ámbitos de la tradición académica occidental-moderna comparten los fundamentos del racionalismo-positivismo.

La apreciación de las carencias en las que nos encontramos, dadas nuestras costumbres epistémicas, provoca respuestas de diferente envergadura a la situación detectada, ya sea en cuanto al bienestar personal o concernientes al grupo social del que formamos parte. Dilemas en un sistema de investigación soportado por teorías que esconden valores, más que por realidades constatadas en forma directa por la experiencia rigurosa y reflexiva —sobre todo en el ámbito del estudio de la vida y sus manifestaciones psíquicas, sociales y físicas: violencia en la sociedad, inequidad en las relaciones sociales, preponderancia y prerrogativas al capital, no al trabajo; insuficiencias en los programas de estudio; injusticias a diestra y siniestra, etcétera (Adame, Gómez, Vargas 2015).

¿Por qué en medio de tanto progreso y eficacia ocurre esto? ¿Qué sucede con la vida de la persona? Es evidente que la posesión de bienes y poder no se traduce en felicidad o verdadera satisfacción. Fue así que Basarab Nicolescu, tomando en cuenta las dos grandes revoluciones del siglo XX —la de la física cuántica y la informática— consideró necesaria la formulación de una metodología (Nicolescu 2009a).

Pero no se trataba de crear algo dogmático, sino abierto. Una metodología particular capaz de ser compatible con un gran número de métodos. De la misma manera que la formulada por Galileo, Newton y Kepler y que es compatible con diferentes teorías. La mayor dificultad consistió en colocar al Sujeto, excluido en la metodología de la ciencia moderna, como presencia determinante en la transdisciplinariedad.

Según Nicolescu son tres los principios o axiomas que orientan la Metodología transdisciplinaria (Nicolescu 2009a, 26):

1) el ontológico: hay diferentes niveles de realidad del objeto y, en consecuencia, diferentes niveles de realidad del sujeto. Los niveles de realidad[17] —a los que corresponden potencialmente niveles de percepción— pueden ser concebidos como inconmensurables si, a la vez, aceptamos la expansión del universo y la lógica dual de la coexistencia de partícula y onda en el nivel subatómico.

2) el lógico: la transición de un nivel de realidad a otro está garantizada por la lógica del tercero incluido que logra la superación de la lógica binaria del Tercero excluido. En la lógica del Tercero incluido hay tensión, no contradicción, por eso es la lógica de la *complejidad*. Y así como la complejidad incluye la simplicidad, la lógica del Tercero incluido contiene la lógica del Tercero excluido —que es válida para situaciones relativamente simples, no para situaciones complejas, donde la exclusión ha mostrado sus graves consecuencias—.

3) el epistemológico: la estructura de todos los niveles de realidad aparece en nuestro conocimiento de la naturaleza, de la sociedad y de nosotros mismos, como una estructura compleja (Nicolescu 2011a, 22).

Axiomas que son de orden simbólico, no científico. En este sentido la Metodología transdisciplinaria no es matemática; además, como no se opone, sino que complementa al pensamiento disciplinario, integra a la científica.

Para la transdisciplinariedad arte y realidad no existen separadamente, es más bien la perspectiva disciplinaria que lo ve así, por lo tanto, las artes, y en el caso que nos ocupa, el teatro no solo deberían tener un espacio para ser estudiadas disciplinariamente, sino estar presentes en todos los campos de conocimiento. Conocer la realidad

---

[17] Ver (Nicolescu 2009a: 23-24).

e interactuar con ella requiere enfrentarla con un nuevo espíritu que considere la unificación y la integración de todos los sistemas, que se abra hacia lo multi, inter y transdisciplinario; o sea a ver la realidad de manera compleja. Es importante entonces no perder de vista las relaciones que como individuos y sociedad establecemos con los componentes de la realidad, el papel que juegan la mente, el espíritu y el cuerpo en su construcción y comprensión; reconocer los límites de la percepción y de los modelos y, sobre todo, darle su lugar a la experiencia del Sujeto como generadora de espacios vitales posibles.

El Sujeto transdisciplinario y el Tercero oculto

El Sujeto transdisciplinario es aquel que investiga con todo su Ser *lo que está siendo,* que se abre a la realidad con el ejercicio de una *atención* despierta; alguien que convive con el interés —forma que toma una pregunta capaz de generar el cambio—. El mejor alimento para el ser humano son las respuestas que se constituyen por experiencia viva. "No se puede vivir un solo momento sin impresiones, así, la calidad de este alimento esencial involucra la salud del alma y hace posible abrirse hasta encontrar la confluencia del momento eterno en nuestro devenir" (Adame, Yepes 2017, 163).

La división ternaria (Sujeto, Objeto, Tercero oculto) es, por supuesto, diferente de la partición binaria (Sujeto vs Objeto), de la metafísica moderna. El Tercero oculto es esencial pues al unir los niveles espiritual, psíquico, biológico y físico del Sujeto con los niveles de realidad del Objeto presentes en la naturaleza y en la sociedad, el conocimiento se transforma en comprensión, o sea, la fusión de *conocer* y *ser* que da sentido a la Verticalidad humana en el mundo.

La Verticalidad cósmica

Dentro de la teoría cuántica, en la teoría de las cuerdas, el connotado científico Basarab Nicolescu decanta, en su *Manifiesto de la transdisciplinariedad* (2009a), que el universo está compuesto por más de cuatro dimensiones. Nos dice que nuestra vida, de manera ordinaria, circula en tres dimensiones; algunos exploramos una cuarta o, tal vez, hasta una quinta. Pero, de cualquier manera, nos quedan dimensiones fuera de nuestra comprensión, en el absoluto misterio. Todas estas dimensiones están ensambladas, tejidas de manera transdisciplinaria, a través de la zona de *no-resistencia*. Trans "tránsito–cambio–movimiento", transdisciplinariedad que cae por su propio peso en algo que se define como Verticalidad cósmica y es, digamos, la columna vertebral de la energía, y caer en su flujo es caer en la salud y en la fuerza constante. Esta visión observa Nicolescu es la que puede hacer viable cualquier proyecto social (2009a). Reordenarnos a través de dicha Verticalidad es romper con el paradigma científico y tecnológico de "conquistar a la naturaleza", paradigma que tanta destrucción ha provocado. Debemos retomar la postura de cualquiera de las grandes sabidurías que hemos heredado: ir con la naturaleza, intuirla, obedecerla, servirla.

Por un lado, es sorprendente cómo la filosofía metafísica de todas las grandes tradiciones se empata con la Verticalidad cósmica. Por el otro, certificamos cómo la ausencia de lo sagrado en nuestras vidas provoca los pensamientos más pragmáticos y torpes que desembocan siempre en estructuras religiosas y políticas intolerantes y totalitarias.

Nicolescu desmantela y desenmascara la trampa académica de nuestro tiempo, dice:

> La primera universidad formal fue constituida en occidente en el siglo XII. Arranca con ocho disciplinas en su haber: tres en humanidades y cuatro en ciencias naturales; y una disciplina holística, la Biblia. A partir de ese instante vemos una lenta fragmentación de las disciplinas. Ya para 1950 existen cincuenta disciplinas o profesiones, y en el año 2000 tenemos la exorbitante cantidad de ocho mil disciplinas o profesiones que exigen especialización; o sea, que nos echemos de cabeza en la que elijamos y nos volvamos expertos, sin sospechar que

al volvernos especialistas nos compartamentalizan, y que al volvernos expertos en una disciplina nos convierten, automáticamente, en ignorantes de siete mil novecientas noventa y nueve disciplinas más. Quiero decir que la compartamentalización aísla, controla y sostiene al poder reinante. Las universidades, en ese sentido, producen individuos fragmentados, dependientes e ineptos.[18]

Para ello la herramienta principal de la que disponemos es la *atención;* así, en cualquier actividad donde la apliquemos con *calidad* será posible percibir la presencia del Tercero oculto.

¿En qué consiste la *calidad* de la *atención*? ¿Cómo generarla y mantenerla? ¿De qué manera se manifiesta? ¿Cómo darse cuenta de lo que ella hace de diferente? ¿Cómo lograr la unificación Sujeto-Objeto por la emergencia del Tercero oculto? ¿Cómo comprender que los símbolos no son vehículos para acceder a la verdad, sino medios de comunicación con el mundo real?

Una de las vías para ir hacia otros espacios de saber, más allá de identificar problemas y plantear soluciones personales, consiste en suspender las reacciones mecánicas del pensamiento y abrirse hacia el estado de pregunta (interior y exterior) para percibir, por ejemplo, que quizás el problema es en realidad una paradoja que requiere otro tipo de comprensión. Pero todo esto resulta casi imposible si nos presentamos ante el mundo desde un *yo pienso, yo resuelvo,* ya que cada vez que se expresa la primera persona en singular, implícita o explícitamente estoy afirmando que sé quién soy y tal estado de cosas inhibe la emergencia de la pregunta viva que abrirá espacio a una solución que se manifestará en otro nivel de Realidad, por la participación del Tercero oculto (Adame, Gómez, Vargas 2015).

Nivel de realidad, dice Nicolescu, es un sistema invariable según ciertas leyes, donde hay discontinuidad entre las leyes y conceptos

---

[18] Comunicación verbal durante el Seminario-Encuentro con Basarab Nicolescu, organizado por la Maestría en Estudios Transdisciplinarios para la Sostenibilidad de la Universidad Veracruzana, del 17 al 20 de febrero de 2009.

generales como el de causalidad. En esta visión transdisciplinaria para que el Sujeto que percibe y el Objeto percibido en la realidad se puedan comunicar tienen que atravesar la zona de *no-Resistencia*, que en la terminología empleada por Nicolescu corresponde al Tercero oculto, es por lo tanto un término de interacción.

El Sujeto transdisciplinario y sus niveles de percepción, el Objeto transdisciplinario y sus niveles de realidad, y el Tercero oculto definen la realidad Transdisciplinaria o transrealidad (Nicolescu 2014, 210). Esto quiere decir, en nuestra perspectiva, que es posible hablar de realidad Disciplinaria, Predisciplinaria y Posdisciplinaria y, conforme a esta denominación, de un Preteatro (antes del Teatro moderno), de un Teatro (de la Modernidad), de un Posteatro (después del Teatro moderno) y de un Transteatro (de la Cosmodernidad).

Teatro: de la Perspectiva disciplinaria a la transdisciplinaria

El teatro, visto disciplinariamente, tiene por fundamento a la teatralidad,[19] cuyo objetivo es *hacer creer* a los participantes que viven un proceso de transformación, el cual, sin embargo, los mantiene en un mismo y único nivel de realidad:[20] se representa una ficción que no permite el desplazamiento simultáneo por distintos niveles. Es decir, productores y espectadores permanecen sujetos a la convención que dice *estamos en el teatro*.[21]

---

[19] Un amplio estudio sobre la teatralidad se encuentra en *Elogio del Oxímoron*, y un acercamiento a la Transteatralidad en *Conocimiento y representación. Un reaprendizaje hacia la Transteatralidad*.

[20] Ver (Nicolescu 2009b, 52).

[21] Las implicaciones socioculturales de la teatralidad son de gran impacto, pues desde su intención pedagógica, el teatro y otras formas de representación escénica han servido para manipular (el uso maniqueo del proceso mimético, según Gebauer y Wulf) y mantener controladas a las personas, haciéndolas vivir con una perspectiva dualista y reduccionista en un "mundo de ilusión" donde "lo teatral" se presenta como "reflejo de la realidad". Es importante en este sentido recordar la intención que, según Rodolfo Usigli, tenía (aunque quizá sería más pertinente decir "tiene") en México el acto social de "gesticular", cuyos mejores "actores", decía, eran los políticos.

Este dualismo ficción/realidad se manifiesta con mayor fuerza en la concepción del cuerpo. En una perspectiva formal y racionalista el actor y su cuerpo han sido considerados como entidades separadas, y este último, como un *medio* (signo), *objeto* o *instrumento* que ante todo debe ser eficaz. Este enfoque ha sido sostenido por la teatrología fundamentada en la semiótica.[22]

La posición de los creadores modernos, con las bien conocidas excepciones de Artaud y Grotowski, entre otras, no difiere de las anteriores. Es el caso de Vsevelod Meyerhold, de Gordon Craig, e inclusive contemporáneamente de Bob Wilson.

En oposición a la perspectiva hegemónica del teatro surgió, dentro del ámbito interdisciplinario de los *Cultural Studies*, el *Performance* (Schechner 2002), colocando al cuerpo como elemento medular: producto artístico e instancia política a la vez.

Es alentador observar en nuestros días la transformación del teatro respecto a la visión establecida por la modernidad. La nueva epistemología y las nuevas tecnologías lo han hecho mudar, por ejemplo, hacia la virtualidad y hacia formas híbridas y multidireccionales.

Cambio de paradigma

Estos cambios han sido posibles por el interés de creadores/investigadores, quienes, para superar el añejo debate entre, por ejemplo, teatro literario *vs.* teatro espectacular,[23] o el más reciente entre teatro vivo *vs.* teatro virtual,[24] así como entre teatro *vs.* performance, han tenido que cambiar su sistema de referencia.[25]

---

[22] Ver (1999, 275).

[23] Con la intención de unificar el acto poético (textual) con el performativo (escénico), José Ramón Alcántara propuso el término de "*textralidad*", que contempla la dimensión performativa de un texto. Esta "síntesis metafórica", dice, la realiza el cuerpo "cuando se asume como el otro término de la metáfora teatral" (2010).

[24] Con respecto a la relación entre el teatro y las nuevas tecnologías, Jean-Marc Larrue elaboró una reseña histórica de la cual infiere que no existe conflicto entre ellos y que, en todo caso, es el discurso identitario del teatro —que considera al cuerpo del actor y a la presencia como sus fundamentos— el que produce una "tecnofobia" y la angustia del cambio (2005).

[25] Ver Antonio Prieto 2009.

Existen hoy distintas posiciones que confirman un cambio de paradigma en los estudios escénicos;[26] en estas circunstancias, el estado del teatro se caracteriza por la multiplicidad y la pérdida de fronteras con respecto a otras formas de representación, lo cual requiere de un artista multicreativo que se reconozca en su complejidad y en su autotrascendencia.

Perspectiva transdisciplinaria

Consideramos a la transdisciplinariedad una estrategia metodológica de gran utilidad para el estudio y la práctica teatral a partir de la cual se han generado propuestas tanto teóricas como de creación.[27] Es pertinente señalar que el enfoque transdisciplinario no elimina al disciplinario, sino que se sitúa entre, a través y más allá de éste.

La diferencia de esta perspectiva con la multi y la interdisciplinariedad es su metodología, la cual desafía a la que rige a la ciencia moderna:

> A diferencia de la mono, multi e interdisciplinariedad, la finalidad de la transdisciplinariedad es sentar las bases de un nuevo paradigma científico. La investigación disciplinaria concierne a un solo nivel de realidad; la multidisciplinariedad

---

[26] Así, por ejemplo, un quiebre con el paradigma de la modernidad hizo surgir al teatro "posdramático", que corresponde, como señala Hans-Thies Lehmann, al teatro europeo de fines del siglo XX. El mismo teórico menciona cómo Heiner Müller se lamentaba de que cuando iba al teatro le era cada vez más molesto no seguir más que una sola y misma acción. "En cambio —decía—, cuando en el primer cuadro se inicia una acción, en el segundo otra que no tiene nada que ver y en el tercero y en el cuarto, etcétera, esto es divertido y agradable, aunque no sea la pieza perfecta" (Lehmann 35). De la percepción lineal y sucesiva se intentó pasar a la percepción simultánea. Esa búsqueda estuvo encaminada a lograr la autonomía del lenguaje, la teatralidad autónoma, no la "ilusión mimética" (Lehmann 20). En los textos posdramáticos la pregunta giraba en torno a "qué nuevas posibilidades de pensamiento y de representación son ensayadas para el sujeto humano" (Lehmann 21). Si bien estos planteamientos muestran una notable transformación paradigmática se ubican en la misma perspectiva de la lógica racionalista.

[27] Ver (Cfr. Adame 2011).

plantea la participación de varias disciplinas para atender un problema, la interdisciplinariedad emplea los métodos de dos o más disciplinas para generar una nueva disciplina, en ambos casos permanece el punto de vista disciplinar. En cambio, la transdisciplinariedad se interesa por la dinámica engendrada por la acción simultánea de varios niveles de realidad. (Nicolescu 2009a, 38)

La transdisciplinariedad, como ya se dijo, está basada en tres principios: 1) el ontológico o de niveles de realidad; 2) el lógico o del tercero incluido; y 3) el epistemológico o de complejidad (Nicolescu 2011a, 22).[28]

El escenario cósmico-cognoscitivo en el que vive esta metodología implica la existencia de un *objeto transdisciplinario* con sus niveles de realidad, *un sujeto transdisciplinario* con sus niveles de percepción, igualmente entre los niveles de realidad, por una parte, y entre los niveles de percepción, por otro, existe un espacio o zona de absoluta transparencia, de *no resistencia* como espacio de interrelación y cultivo de un vivir entre los universos del sujeto y el objeto transdisciplinario. Esta zona de *no resistencia* se prolonga y ensancha en la actitud transdisciplinaria a través del hacer para formar y nutrir al Tercero oculto. La existencia de este Tercero oculto como espacio fluido es la expresión de *lo sagrado* en el proceso del vivir y el conocer (Nicolescu 2009a, 43-44). Es importante aclarar la diferencia entre *Tercero incluido* y *Tercero oculto*. El primero une los opuestos A y no A en un plano lógico y el segundo une al Sujeto y al Objeto en un plano a-lógico.

Como se advierte, no basta con abrirse hacia nuevas formas de saber y de hacer. Es necesario transformar la manera de conocer y de hacer, de ahí la importancia de esta metodología. El asunto de la transformación ha ocupado permanentemente el interés de creadores y teóricos teatrales. Un ejemplo notable es el de la investigadora Erika Fischer-Lichte, quien en *Estética de lo performativo* (2011) analiza el poder transformativo del performance y su emergencia como acto de

---

[28] Ver (Nicolescu 2009a, 16).

comunión. Allí plantea que cuando las personas y las cosas aparecen como *lo que ellas son*, el mundo vuelve a ser encantado. La relación que encuentro entre su planteamiento y la transdisciplinariedad, es que ambos van más allá del individualismo y de la separación actores/espectadores, así como de otras dicotomías: ficción/realidad, sujeto/objeto, cuerpo/mente, hombre/animal, significado/significante.

De la Premodernidad a la Cosmodernidad

Tomando los análisis de Nicolescu como base en lo que concierne a la relación Sujeto –Objeto ; de Fischer-Lichte, sobre el "reencantamiento del mundo" y haciendo la relación con el teatro, tendríamos que: en el mundo premoderno, el sujeto se sumerge en el objeto (mundo encantado), la realidad es predisciplinaria, su manifestación es la *ritualidad* (*Preteatro*); en el mundo moderno el sujeto y el objeto están totalmente separados: (mundo desencantado) la realidad es disciplinaria y su expresión la *teatralidad* (*Teatro*); mientras que en la posmodernidad el Sujeto predomina sobre el Objeto (Mundo automatizado), la realidad es postdisciplinaria y su demostración la Performatividad (*Performance*); la era transdisciplinaria es cosmoderna (Nicolescu 2014) ya que el Sujeto y el Objeto están unidos por el Tercero oculto (reencantamiento del mundo), la realidad es transdisciplinaria que hace emerger la Transteatralidad y el Transteatro.

En las tres primeras etapas (premodernidad, modernidad y posmodernidad) no hay emergencia del Tercero oculto, como sí la hay en la Cosmodernidad.

Premodernidad

Durante la Premodernidad el rito formaba parte del *Mundo encantado* de participación directa, donde los seres humanos estaban conectados con el cosmos, pero sin tener consciencia de su Ser-Sujeto. El destino personal era asumido unido al destino del mundo, y esta relación daba sustento a la propia vida (Berman). La historia del teatro muestra como éste se fue alejando de la eficacia del rito para devenir diversión y exposición de conflictos emocionales. Es, entonces, la historia de la caída de lo sagrado hacia lo profano.

Modernidad

La razón, predominante en la modernidad, produjo la cultura de la racionalización que confundió lo *sagrado* con la creencia en una determinada religión, de ahí que lo rechazara. Sin embargo, lo *sagrado* es *lo que religa*, es, como dice Mircea Eliade, lo que nos da consciencia de existir en el mundo (apud. Nicolescu 2009b, 60). Bajo el paradigma de la modernidad, que reduce la complejidad de la realidad a *una idea de realidad* la teatralidad y el teatro fueron legitimados por la lógica binaria del tercero excluido. La teatralidad se basa en la mimesis y el teatro en la *representación*.

Posmodernidad

En la Posmodernidad se observa una mezcla de espectáculos, performances, artes digitales, teatralidades líquidas, post-teatros, teatros postdramaticos, textralidades. En suma: Teatro multi e interdisciplinario.

Un concepto que emerge precisamente de los espacios abiertos por la multi y la interdisciplinariedad es el de *performance*, empleado inicialmente por la academia norteamericana para distinguir el acto de escenificación de la obra escrita, a la cual —en ese contexto— se le designa como teatro. De modo que los *Performance Studies* tienen como base cualquier tipo de *representación* humana. Richard Schechner, pionero de los *Performance Studies*, reconoce que se trata de un nuevo paradigma que sustituye al teatro entendido como *la representación* de dramas escritos (2002).

El elemento substancial del *performance* es el cuerpo, como producto artístico e instancia política. Ante la dificultad para ubicar estas manifestaciones dentro de las categorías formales del teatro se les denominó meta-teatro o meta-drama.

El performance, aunque antimimético, no elimina por completo la representación, como afirma Antonio Prieto al abordar la pugna entre teatralidad y performance "en el performance no hay clausura total de la *representación*, pues el performer mantiene la intención de transformarse en signo ante la mirada del público. Realiza acciones conceptuales [aunque] su acción no busca referirse al concepto mediante el mecanismo semiótico convencional, sino que lo busca actuar" (2007, 24) de ésta manera sugiere el concepto de "represent-acción" o puesta en acción de un concepto incorporado a nivel psicofísico por el performer.

Y agrega que:

> Los puristas de cada forma artística defienden su práctica criticando a la otra, sin reconocer las áreas de entrecruzamiento y retroalimentación que existen entre ambas. Encasillarnos en conceptos fijos no hace más que entorpecer nuestra percepción de fenómenos cuya complejidad debe ser atendida. Una perspectiva inter, e incluso trans-disciplinaria nos permitiría analizar la teatralidad de un performance y la dimensión performativa de una obra de teatro. (2009, 122)

¿Cómo trascender la oposición entre teatralidad y performance que describe Prieto? Su propuesta es reflexionar sobre las intersecciones de estos dos conceptos en términos de juego, y probablemente tenga razón, pues sería el *estado T* (o tercero incluido de la lógica transdisciplinaria). Un juego que incluye teatralidad y performance pero que, al jugarse en distintos niveles de realidad se coloca más allá de la teatralidad y el performance, esto es el Transteatro.

Igual que la multiteatralidad, la interteatralidad desborda la teatralidad, pero su finalidad queda inscrita en la investigación y creación disciplinaria.

El teatro actual se encuentra en franca transformación con respecto a las formas tradicionales conocidas hasta la modernidad. En esta posición se puede ver una ruptura con el paradigma de la modernidad que hizo surgir el teatro *posdramático* el cual corresponde, como lo remarca Hans Thies Lehmann al teatro europeo de finales del siglo XX y menciona el caso de Heiner Müller (ver nota 26). Se trata, como vemos, de pasar de la percepción lineal y sucesiva a la percepción simultánea. Esta investigación tiende a alcanzar la autonomía del lenguaje, la teatralidad autónoma y no "la ilusión mimética" (20). En los textos posdramáticos la pregunta giraba en torno a "qué nuevas posibilidades de pensamiento y de representación son ensayadas para el sujeto humano" (21).

Si bien estas propuestas muestran una considerable transformación paradigmática, observamos que entre el Posteatro y el Transteatro existe gran diferencia. Solo con comparar los prefijos *Trans* y *Post* vemos que el primero indica: paso, movimiento, transgresión, en tanto que el segundo es un prefijo temporal y lógico.

Aunque desde nuestra perspectiva es cuestionable el predominio del Sujeto en la posmodernidad teatral, hay creadores notables como Bob Wilson quien muestra en sus espectáculos la influencia de la física cuántica, en particular en su concepción y disposición del tiempo.

Teatro y nuevas tecnologías

La posmodernidad ha impulsado el desarrollo de nuevas tecnologías mediante las cuales el teatro transita hacia otras formas de relación con la realidad, la virtual por ejemplo, aunque ha tenido que enfrentar el rechazo del discurso teórico esencialista que, desde una posición teatralista, continúa apoyando la noción de teatralidad (Dubatti 2004). Por el contrario, el trabajo de artistas de América Latina va más allá de los límites formales disciplinarios, perceptuales, convencionales y ontológicos del teatro (Adame 2011b). Esto no quiere decir que desaparezca la teatralidad o que se niegue la convivialidad, pero lo que sí ha cambiado es la comprensión del fenómeno teatral e inclusive del convivio. En suma, ha cambiado nuestra manera de pensar, de ver y de experimentar el teatro, tal como lo expresa Jean Marc Larrue:

L'acteur peut se fragmenter, se multiplier; être là olfactivement mais non visuellement ou inversement, se disjoncter (associer une voix à un autre corps), etc. Bref, on peut difficilement prétendre aujourd'hui que la présence et le direct sont la nécessité ultime, le dernier rempart qui peut, hors de tout doute, caractériser la pratique théâtrale et fixer son identité. (28)

Es por ello que en lugar de presencia, Larrue habla de *efecto de presencia*. Este efecto tiene, según nuestra opinión, una relación estrecha con los niveles de realidad que ofrecen, en este caso, la posibilidad de permanecer simultáneamente en dos realidades: la *real* y la *virtual*.

Cosmodernidad

Para quienes vivimos en Latinoamérica y hemos intentando conciliar los tres antecedentes de nuestra cultura: griego, judío e indígena mesoamericano (Pérez Tamayo 16), nos es más accesible comprender y asumir lo que significa la Cosmodernidad: que toda entidad en el universo se define por su relación con las otras entidades permitiendo al ser humano relacionarse con el Tercero oculto, por lo tanto el imperativo ético de la Cosmodernidad es la unión entre todos y con todo (Nicolescu 2014, 314).

Al momento de fusionarse Objeto y Sujeto emerge el Tercero oculto que cruza todos los niveles de realidad y conduce hacia la zona de no-resistencia, o más precisamente hacia la *Transrealidad* espacio donde *conocimiento* y *Ser* derivan en *comprensión*.

De la Teatralidad a la Transteatralidad, del Teatro al Transteatro

La teatralidad es el proceso que conduce a productores y receptores del teatro en la utilización de elementos de construcción y significación a través del cual se actualiza una obra como hecho teatral, es decir: el fundamento para interpretar, representar y percibir el discurso teatral. La teatralidad fue concebida por Nicolás Evreinov como el instinto de transformar las apariencias de la naturaleza en voluntad de teatro, es decir una pulsión espontánea de juego que se encuentra tanto en los hombres como en la especie animal. Una calidad universal, una condición pre-estética, el gusto de travestir, el placer de generar una ilusión, de proyectar simulacros de sí mismo y de lo real hacia el otro (Evreinov). En este acto que lo transporta y lo transforma el ser humano aparece como punto de partida de la teatralidad: es su fuente y primer objeto.

Entendida como esencia del teatro, la teatralidad se nutre del juego del actor. Su presencia se descubre tanto en la práctica escénica como en el texto dramático. Su actuación está controlada por la *ley de exclusión del no retorno* que indica que en el teatro los actos que pueden alterar significativamente cualquier situación como la muerte, el nacimiento o la cópula son siempre simulados (Burns 15). Se trata de una limitación del teatro y no de la teatralidad pues estas acciones pueden ocurrir, por ejemplo, en un ritual o performance donde no rige dicha ley.

Si la teatralidad es el fundamento para interpretar, representar y percibir el discurso teatral estructurado con base a la lógica binaria texto/representación; la Transteatralidad es el proceso por el cual cada sujeto productor o receptor actúa desde la incertidumbre, gestiona su propia alteridad y transita simultáneamente por diferentes niveles de realidad con pleno dominio de su potencial humano. Se trata de asumir la paradoja de ir más allá de uno mismo al darnos cuenta que nos damos cuenta de quiénes somos, o mejor aún, de quiénes estamos siendo, conociendo, haciendo y sintiendo en el preciso instante del darnos cuenta.

La Transteatralidad atraviesa todas las formas conocidas de representación: el rito, el teatro, el performance, es un proceso circular de articulación que hace que el resultado ejerza sus efectos sobre su propio origen.

Si la teatralidad propone la transformación del actor para convertirse en personaje, la Transteatralidad permite la transfiguración del Sujeto para ser actor con plena consciencia de sí y del otro.

La teatralidad y el teatro cristalizan bajo el paradigma de la modernidad que reduce la complejidad de la realidad a una *idea de realidad*, ambos son legitimados por la lógica binaria del tercero excluido. Por lo tanto, y para modificar los núcleos organizadores de la sociedad y de la cultura ha sido necesario un nuevo paradigma que ha abierto la posibilidad de transformación del teatro y de la teatralidad favoreciendo la Transteatralidad y el Transteatro que basan su estrategia en la lógica trialéctica o del Tercero incluido. Ambos conceptos proceden de una epistemología compleja y transdisciplinaria donde el conocimiento y la representación son construcciones derivadas de nuestra capacidad de pensar, sentir, hacer y relacionarnos holísticamente. Pero también de un contexto que fomenta el reencuentro con los orígenes, donde la modernidad positivista y la posmodernidad neoliberal han mostrado su fracaso.

Con respecto a la Transteatralidad es necesario desmarcarse de cualquier relación con la teoría literaria que, como en el caso de Gerard Genette, habla de una *Transtextualidad* es decir, "la trascendencia textual del texto [...] que lo pone en relación manifiesta o secreta con otros textos" (7). Así también de la derivación que hace Fernando Cantalapiedra cuando afirma que la Transteatralidad es "toda trascendencia praxeológica de un texto espectacular, esté o no representado" (423). Tampoco se asimila a la noción de *Transteatralización* que proviene de Baudrillard (1997) para indicar el traspaso de elementos teatrales a la vida cotidiana.

Hoy día, en muchos lugares, podemos escuchar y observar voces y movimientos que expresan la urgencia de una nueva relación con todo lo que existe. Necesitamos entonces prácticas de reconexión que reconstruyan nuestro *Ser-en-consciencia*. Requerimos percibir el enorme poder creativo de nuestro ser y de cada elemento que nos rodea, el movimiento de nuestro cuerpo y de nuestra comunidad que potencializa nuestra capacidad de conocer y experimentar diferentes niveles de realidad.

La Transteatralidad está entre, a través y más allá de todas las formas de presentación o representación conocidas, por ello su enfoque no puede ser más que transdisciplinario dado que su práctica requiere de una estrategia para identificar el proceso mediante el cual el Sujeto complejo se manifiesta en interacción con diferentes niveles de realidad. La Transteatralidad deja abierta la pregunta sobre la representación, sobre la realidad y sobre el teatro.

Al disolverse la distinción entre arte y realidad el interés se centra en el punto de unión. ¿Qué aparece ahí? Para la Transteatralidad es lo sagrado como Tercero oculto que incorpora la memoria de la especie y de la comunidad y la presencia plena del Sujeto con su Verticalidad cósmica y consciente.

Transteatro

Mediante la estrategia transdisciplinaria es factible un nuevo nacimiento del teatro, el cual solo es posible a partir de un nuevo nacimiento del sujeto (Nicolescu 2009a, 57).

Para ser creadores, investigadores, docentes y promotores del Transteatro hay que asumirse como personas que se reconocen como sujetos complejos y transdisciplinarios, que no se ubican solo en un campo disciplinario: teatro, danza o performance y tampoco consideran excluyentes presencialidad o virtualidad, sino que forman parte activa de una comunidad creativa cuya base de sustentación es el cuerpo, donde cohabitan movimiento, intelecto y emociones. Que son capaces de producir momentos de honesta e intensa comunicación con otros sujetos, invitándolos a ser participantes activos; competentes, también, para dialogar con formas de creación y de pensamiento distintas a las propias, de atender sus llamados internos y externos; de no actuar para convertirse en *personajes*; de mantener lúcidamente su postura vertical y, ante todo, de buscar su plena liberación y ayudar a otros a liberarse.

En suma, los hacedores del Transteatro son sujetos planetarios capaces de generar un lenguaje escénico que muestre la riqueza y vigor de las culturas locales, en diálogo permanente con otras culturas, para hacer de su práctica el espacio de encuentro y reconexión.

Como se desprende de lo antes dicho, el Transteatro emerge de un común sentimiento del destino planetario; no pretende eliminar al teatro, solo enfatiza sus limitaciones respecto a una transformación hacia la plena hominización y *reencantamiento del mundo*. Dígalo si no la forma básica del código teatral identificada por la propia Fischer-Lichte: "A representa a X mientras S lo mira" (1999, 29), que reduce también al mínimo el sentido de *representación: algo que está en lugar de*".

El Transteatro es un medio para conjurar actos que tienden a destruir los vínculos conviviales comunitarios. Por todo ello requiere de una transpoética escénica y su base no puede ser más que transdisciplinaria. En su configuración participan aprendizajes emanados del trabajo de maestros como Rodolfo Valencia y Jerzy Grotowski; la visión de creadores con perspectiva transdisciplinaria como Peter Brook (y las fuentes en las que se ha nutrido, tanto como las enseñanzas de G. I. Gurdjieff), así como los que hemos venido desplegando por un lado en el TIT de la UNAM y, por otro, en la Facultad de Teatro de la Universidad Veracruzana en proyectos denominados: Teatro de la Civilización Planetaria y Ecopoiesis Ritual,[29] así como en el Centro de Artes Indígenas (CAI), ubicado en la región totonaca de El Tajín.

Nuestra propuesta se encuentra en correspondencia con la teoría de Erika Fischer-Lichte sobre el acto performativo como vía para el reencantamiento del mundo:

---

[29] Véase "Ecopoiesis ritual" en *Investigación Teatral* núm. 6-7.

Una estética de lo performativo tiene por objeto de estudio ese arte del rebasamiento de fronteras. Trabaja incesantemente para superar fronteras establecidas a finales del siglo dieciocho y asumiendo desde entonces como inamovibles e insuperables, divisiones que se tenían casi por naturales, es decir, que se entendían como establecidas por naturaleza: nos referimos a la división entre arte y vida, entre alta cultura y cultura popular, entre el arte de la cultura occidental y el de aquellas otras culturas para las que es extraño el concepto de la autonomía del arte. Con ello, una estética de lo performativo se propone también la redefinición del concepto de frontera. Mientras que hasta ahora, entre los aspectos decisivos para el arte, la separación, la delimitación y las diferencias de principio eran los que más importancia tenían, en una estética de lo performativo se enfatizan el rebasamiento y la transición. La frontera se convierte en umbral, que no separa dos ámbitos, sino que lo vincula. En lugar de oposiciones infranqueables surgen diferencias graduales. Una estética de lo performativo no sigue pues los pasos de un proyecto de indiferenciación, lo que según la teoría del sacrificio de Girad conduciría inevitablemente a una eclosión de violencia. Más bien trata de superar las oposiciones rígidas, de convertirlas en distinciones dinámicas. Nos hemos acostumbrado a entender que el empleo de parejas conceptuales antitéticas es la garantía de un proceder racional que se corresponde con el desencantamiento del mundo llevado a cabo por la ilustración y a que este proceder es el que mejor describe ese proceso. Por ello es oportuno entender el proyecto de una estética de lo performativo —que demuele precisamente tales dicotomías y que, en vez de proceder argumentalmente con un *lo uno o lo otro*, lo hace con un *tanto lo uno como lo otro*— como una tentativa de reencantamiento del mundo, como un intento de transformar en umbrales las fronteras establecidas en el siglo dieciocho. (Fischer-Lichte 2011, 404-405)

Los principios del *Transteatro* emanan de la Transdisciplinariedad, especialmente de la metodología elaborada por Basarab Nicolescu para marcar una diferencia con aquella de la ciencia moderna instaurada a partir de Galileo. Lo esencial de esta estrategia, como ya se dijo, es la propuesta para transitar simultáneamente por diferentes niveles de realidad y vincular al Sujeto con el Objeto a través del Tercero oculto.

El Transteatro no es "una manera" de hacer teatro, sino que se propone como una vía creativa para movilizar a todos los que se interesan por un nuevo orden que implica a la humanidad entera: reflexionar y actuar por sí mismos en pro del futuro común.

El Transteatro no es un medio de manipulación o de imposición sobre el público, sino que plantea una relación abierta, creativa y, sobre todo, humana entre los participantes. Esto pasa por un ajuste de equilibrios entre creadores y co-creadores para permitir a estos últimos, tradicionalmente considerados como *espectadores*, percibir e intervenir libremente a fin de comprender el mundo que los rodea, de ahí la importancia de la *atención*. En suma, el objetivo está orientado a fomentar una consciencia particular íntimamente enraizada a una ética planetaria.

El Transteatro es una propuesta acorde a la concepción actual de la sociedad-mundo, es decir, de un sentimiento común del destino planetario. Tiene como principio básico el establecimiento de una nueva relación del ser humano con la naturaleza, con los otros y consigo mismo. En el Transteatro todos los individuos —hombres y mujeres— participan auténtica, libre y confiadamente compartiendo con el otro la maravillosa oportunidad de estar vivos, dando por resultado seres más conscientes y verdaderos, pues los niveles de información del Objeto se fusionan con los niveles de consciencia del Sujeto.

El espectáculo teatral no busca la transformación de los participantes —actores o espectadores— o, cuando mucho, solo promueve una transformación exterior: del actor en personaje y del espectador que pasa de una existencia cotidiana a un mundo de ficción.

En el Transteatro, en cambio, se trata de una transformación en todos los niveles del Sujeto que lo convierten en Trans-Sujeto (Adame 2009b, 145), un proceso que trasciende un solo nivel de realidad. La modificación es, simultáneamente, física (un cambio en lo fisiológico, energético, afectivo y en el estado motor), social (cambia la manera de percibir y de conectarse con el entorno inmediato y con el planeta) y cósmica (se entra en conexión con lo infinitamente pequeño y lo infinitamente grande).

Sentir la Verticalidad cósmica y consciente es resultado de la experiencia transteatral. En ella está incluida nuestra relación con la tierra, con todos los elementos del universo y el cosmos. Así uno se puede sentir unido a la cosmogonía mexica en su concepción del espacio vertical con 9 inframundos y 13 cielos, o totonaca en su rito al sol, o a la visión poética de Octavio Paz para ser "Un árbol bien plantado mas danzante" (2008).

El Transteatro: *transreligiosidad (o Sacralidad secular) y transculturalidad*

Que el teatro es la religión más antigua de la humanidad está fundamentado por estudiosos de la historia y de las religiones como Mircea Eliade, Arnold Toynbee, James Frazer, Karl Popper y Joseph Campbell.

El evento teatral tiene en su poder la fibra más fina de la estructura espiritual del ser humano, es decir, la *convocación al instante vivo*. Lo convoco, existe; dejo de convocarlo, desaparece. Entonces el teatro no lo hace ni un edificio ni un texto, ni un código secreto; esencialmente es eso: *convocación*, el deseo firme de que algo suceda *ahora*. Todos los textos sagrados en los que se basan las religiones —en términos de Derridá—, no son más que fármacos, textos que nos ayudan a 'recordar' la sabiduría (1997). Sin embargo, no debemos perder de vista que recordarla no es encarnarla. La auténtica sabiduría emana, de manera natural, del corazón humano a la lengua del sabio.

El sabio no es quien la recuerda más y mejor, quien lee, acumula y repite el discurso, sino quien trabaja para encarnarla.

Preguntamos, ¿el teatro ayuda a convertirnos en sabios? No, el teatro encarna su sabiduría enseñándonos a conquistar el instante vivo: estando ahí, sin juicios ni expectativas, la realidad florece y vamos aprendiendo a cabalgar el 'aquí y el ahora'. Trotando en el 'aquí y el ahora', las preocupaciones se desvanecen y los fantasmas y monstruos de nuestra mente se esfuman; es la mejor manera de fortalecernos. Con el teatro, si no alcanzamos la sabiduría total, cuando menos estamos un poco más 'liberados', y un cuerpo y una mente liberados siempre son peligrosos para el estatus.

Mente y cuerpo liberados, como Cristo, Buda, Quetzalcóatl: actores estelares, representantes sobresalientes de la Verticalidad cósmica: el orden universal manifiesto. Es un gravísimo error convertirlos en instituciones, templos, reglamentos, premios y castigos. Burocracia igual a cárcel, fin de la libertad de la mente y del cuerpo.

Teatro más allá del teatro: religión sin mártires por sacrificar, ni edificios para edificar y bendecir, ni diezmos que recoger y capitalizar. Convocación: ahora es... sucede; ahora ya no es... desaparece. Sin jerarquías ni textos sagrados, ni nada que nos impida, como dice Machado en su poema "Retrato", "estar ligeros de equipaje" (2008).

La religión es para religarnos con los ritmos del universo. ¿Quién nos religa sin doctrina, sin discursos, sin pagos, ni diezmos ni miedos? La Transteatralidad, tal como nos la han compartido los grandes maestros, es uno de los mejores caminos.

Sucede y desaparece: su Catedral, su Meca, su Vaticano, su Potala, su Montaña Sagrada, es la auténtica y honesta convocación. Una vez que ha sucedido, se evapora en el anonimato del actor que se confunde con la multitud y solo deja el delicado sabor de que la auténtica libertad es posible. Eso es religión sin imposturas.

La institucionalización de las religiones es lo que las aniquila, igual que al teatro. Cuando tratamos de evitar la muerte, que es consecuencia de haber vivido, aparecen los frankensteins, los muertos en vida. Necesitamos que su renacimiento sea continuo, no alegórico ni metafórico, sino real y concreto, sin miedo a morir.

Tal parece que las religiones están desvirtuadas, dicha alteración las enmascara y ahueca; y a pesar de que, efectivamente, todas ellas tienen sus métodos y técnicas milenarias para lograr la sanidad del instante vivo, muchas de ellas siguen "amarrando a muchos gatos", ¿recuerdan el cuento?:

> Un día un maestro decidió reunir a sus discípulos para enseñarles a meditar. Se los llevó al bosque. Al comenzar a meditar, un gato empezó a llorar de manera desgarradora. El maestro le pidió a su ayudante que, por favor, se llevara al gato a una buena distancia y lo amarrara para que no molestara. Al día siguiente sucedió lo mismo. Y así, durante varios días. El ayudante entendió la mecánica y se adelantó al maestro, persiguiendo y amarrando al gato antes de comenzar. Así quedó establecido. Pasaron los años y un buen día encontramos a los herederos de este grupo no pudiendo meditar, porque no tenían un gato que amarrar...

Necesitamos una religión que exista pero que no se institucionalice, que sepa fluir y morir con dignidad y que deje el camino libre a nuevas y frescas alternativas.

El teatro, en tanto Transteatro, es una posibilidad de libertad interior que nos religa con el universo de manera incondicional.

El éxito y el fracaso de las religiones institucionalizadas

El éxito de cualquier religión se debe a que mantiene viva la disciplina mental que funda y sostiene un sistema de creencias que nos ayuda a establecer una vida sana y plena. Mantienen este proceso, en términos generales, dando tumbos, con equivocaciones y a pesar de todas sus desviaciones y perversiones. Este vaivén afecta a todas las religiones, las contemplamos salpicadas de puntos luminosos de bondad, generosidad, solidaridad y todas las hermosas virtudes que apreciamos y respetamos en un ser humano. Todas ellas salpicadas también de puntos oscuros como perversiones, deslealtades, mentiras, fraudes, chantajes y manipulación. No nos percatamos de que al institucionalizarse provocan, automáticamente, un cuerpo administrativo que conlleva burocracia, corrupción, decadencia. Finalmente, no hemos aprendido a circular en libertad con el flujo de sabiduría que nos ofrece continuamente el universo. Al institucionalizarnos nos radicalizamos y gritamos, sin abrir la boca, 'mi Dios es mejor que el tuyo'. Nos sectarizamos y nos privilegiamos con ello; aparece la descomposición, el amor sale huyendo y se instituye el interés económico, político, personal, proselitista.

Entendemos entonces que las religiones establecidas tienen sus límites y que se necesita ir más allá de ellos.

Estamos convencidos de que se genera más luz cuando las estructuras no están oficializadas, rigidizadas y convertidas en leyes por las que somos capaces de rompernos la cabeza. La elasticidad de permitir ser al otro o la relatividad de comprender y respetar su postura nos lleva a una actitud abierta, tolerante, como nos lo dicta la sabiduría del corazón y lo sostiene la transdisciplinariedad.

Saber lo que es el bien para uno y respetar lo que el otro considera su bien es acercarnos a un anarquismo democratizado, como el que proponía Bertrand Russel, una de las alternativas de convivencia social todavía sin explorar.

La democracia, hay que decirlo en voz alta, no sirve como estructura social. Las mayorías —ya lo decía Ibsen en *Enemigo del pueblo*— no siempre tienen la razón. La verdad no está en la cantidad, sino en la calidad de la que habla Brook, y en las religiones sucede igual. La verdad no es patrimonio de nadie, brota en todos nosotros de manera espontánea. Este manantial surge y se sostiene mientras nuestra *atención* no se desvíe de *la Fuente*. Aprender a conocerla, a nadar en ella, es labor de todas las religiones, y no hay una técnica o un rito mejor que otro: todos son válidos.

Las religiones tienen éxito porque todos necesitamos algo en qué creer y las religiones nos lo ofrecen. Y fracasan porque utilizan nuestra urgencia para sus perversiones y su enriquecimiento, negándose a morir con dignidad. Se secan cuando pierden el contacto con *la Fuente*. Algunas enseñan a nadar en chapoteaderos, otras, en albercas compartamentalizadas donde rige la autoridad, el uniforme, la burocracia y el miedo. Pocas nos enseñan a nadar a mar abierto —una de ellas es el Transteatro—.

Descubriendo la sacralidad secular

¿Qué significa esto? Sacralidad es sagrado y secular es fuera de lo sagrado. ¿Cómo puede haber algo sagrado fuera de lo sagrado? Es muy sencillo: Desmantelamos la apropiación que han hecho de lo sagrado todos los ritos y religiones. Tal parece que por decreto dijeran, 'solo puede ser sagrado lo que sucede a través de nuestras ceremonias'. Y nosotros se los creemos, y no consideramos sagrada cualquier otra cosa que suceda fuera de sus ritos. En términos generales, son religiones patriarcales o matriarcales, todas autoritarias; nos ven como a niños ingenuos e ignorantes que hay que tomar de la mano y educar. No dudamos que muchos de nosotros estemos todavía en esa situación, pero también existe otra posibilidad cada vez más presente y enérgica, tal vez debido a la propia evolución del ser humano. Muchos de nosotros ya no necesitamos paternalismos ni intermediarios; queremos, como adultos de cara al universo, tener contacto directo con lo sagrado sin —y tres veces sin— intermediarios. Es decir, sin religiones institucionalizadas, para descubrir así que son sagradas todas las actividades de nuestra vida, dormidos o despiertos, niños o adultos; que son tan sagrados nuestros pensamientos más hermosos de contacto con *la Fuente*, como los retortijones más agudos del acomodo de nuestros intestinos —ahí también está Dios—.

Eso es descubrir la *sacralidad secular*, es decir, Dios fuera de las instituciones oficiales. Y para descubrir esto el Transteatro es una de las mejores herramientas. "Y sin embargo, se mueve".

Existen en el mundo al menos diez mil movimientos religiosos en activo, junto con seis mil lenguas diferentes, el hecho de descubrirnos en una moderna torre de Babel es irreversible. El mundo en el que vivimos está diseñado para que no podamos captar el todo.

Una salida radica en volver a *la Fuente*, guiados por una Verticalidad cósmica que nos permita darnos cuenta de que, como lo anunció Joseph Campbell (1985) y lo confirma la Cosmodernidad, el futuro religioso de la humanidad reside en gestionar una religión cósmica. Es evidente que el camino a la Luz es infinito y que desde todas las acciones humanas podemos, o mejor dicho, debemos tocar el cielo. Esto sería realmente posible si tan solo, como seres humanos, fuéramos educados sin importar religión, etnia o país para estar atentos a nuestras bondades personales. Estar dispuestos a cuidarnos unos a otros, en lugar de cuidarnos unos de otros. Estamos convencidos que, de esta manera, lograríamos una sociedad iluminada lo único que nos hace falta es darnos cuenta que nuestra estancia en esta frecuencia de realidad es bastante fugaz, y que nuestro auténtico trabajo no es acumular ni fama, ni dinero, ni poder; que nuestro trabajo es "To follow your bliss" como lo sugería Campbell (1985). O podemos recoger, por ejemplo, la proposición de Albert Einstein en esta dirección, quien en sus últimos días gritaba —sin que nadie le hiciera caso—: "Construyamos una religión cósmica" (1973). O recoger maravillas del anarquismo democratizado de Bertrand Russell; o darle posibilidades reales de experimentación a "Lo pequeño es hermoso", de Schumacher (1978); o dejar que aparezcan otras posibilidades latentes en nuestro inconsciente colectivo, que seguramente están esperando el momento oportuno en que nuestras urgencias las hagan aparecer.

La razón predominante en la modernidad, dijimos, produjo la cultura de la racionalización que llegó a confundir lo *sagrado* con creencia en una determinada religión, de ahí que la rechazase. Se requiere entonces de una transformación espiritual, precisamos conectar con la investigación tradicional practicada por los pueblos originarios que, desde lo sagrado, han generado saberes de infinita complejidad.

Los humanos poseemos, de igual forma que el cosmos, infinitas dimensiones transcendentes y sutiles que exigen ser cultivadas y enriquecidas amorosamente mediante procesos que nos permitan ritualizar y dar sentido de belleza a cada acto de nuestro existir. El ritual es el centro generador del convivio, la existencia de interconexiones sutiles y universales entre todos los eventos y niveles de organización de la realidad son perfectamente compatibles con la visión sagrada milenaria.

La respiración es el medio de conexión con la espiritualidad. Entre inhalar y exhalar surge el Tercero oculto, término transdisciplinario de interacción entre el mundo interno y externo de los Sujetos. Es por medio de la consciencia de la respiración que puede cambiar nuestra mentalidad. El Tercero oculto restablece la continuidad mediante la percepción y la respiración.

Gracias a eventos transteatrales, en los que podemos reunirnos en libertad a compartir y contrastar nuestras ideas, podemos encontrar para nuestro regocijo un organismo que nos sostenga en el festín de estar vivos.

Transculturalidad

La primera vez que la teatralidad nos presentó de una manera clara el umbral de lo *transcultural* fue en las visionarias disertaciones de Antonin Artaud, quien nos compartió su certidumbre de que, a través del teatro, se podía tocar y penetrar esa red de entrelazamiento que nos revela el tejido del que todos formamos parte. Tocar esa red, como dice Shakespeare, es certificar que nuestra vida está construida de la misma sustancia de la que están hechos los sueños. Shakespeare y Artaud, dos teatreros señalando la *attitude* justa para no perderle el ritmo al baile del universo.

Si a ello agregamos la precisión psicomental que exigía Grotowski a todos sus colaboradores, nos damos cuenta que el teatro puede ser una herramienta de alta tecnología mental para abrir el camino a *la Fuente*. *La Fuente* entendida como el punto de *atención* interno que permite que el *aquí y ahora* aparezca de manera contundente, sin dispersión, y ahí, en ese instante vivo, poder tocar y transformar la realidad, gestionar un campo de realidad a voluntad, es decir, actuar. Esto es un mecanismo cuántico.

Así que Shakespeare, Artaud y Grotowski, en el campo teatral, junto con las deslumbrantes disertaciones de Prigone y Capra, quienes al difundir los intríngulis de la cuántica en términos accesibles al vulgo, de tal modo que los simples mortales pudiéramos entenderlo, nos abrieron a la certidumbre de que el observador/observado interactuándose eternamente, espectador/actor–actor/espectador, construyen un espacio de Transteatro que en el Taller de Investigación Teatral fue nombrado, hace más de cuarenta años, "Teatro participativo". Pero que no era participativo ni interactivo sino *Trans*. Porque lo que buscábamos, desde entonces, era tocar el punto del *entanglement*, el contacto que nos permitiera reconocer, y afectar, la *latise*. ¿Para qué? Para que, entre público y actores, lográramos un *egregor* de amorosa unidad y, de esta manera, estimular en nuestra sociedad lo mejor de nosotros mismos. Eventos teatrales como oasis donde lavarnos del miedo e inmundicias subyacentes que sistemáticamente gestiona el *establishment*. Eventos como focos tlazolteóticos, incineradores de inmundicias, círculos de sanación y exaltación. Teatro como umbral, puerta de entrada a una realidad más armoniosa, equilibrada, plena. En síntesis, teatro como la posibilidad de contacto profundo con nosotros mismos. Es decir, con el universo. *Teatro antropocósmico*, el teatro del ser humano en el cosmos. Teatro donde darnos cuenta de nuestro lugar en la infinita danza cósmica en la que nos encontramos sumergidos y aprender a disfrutar y compartir la fiesta de estar vivos, esto es Transteatro.

Al seguir el signo de nuestro camino teatral reconocimos con asombro que todas las fronteras se abren, que no hay una sola vía, que nada que sea humano nos es ajeno y, a estas alturas, cuando con evidencias tan claras y fundamentadas como lo es el "Disclosure Project", del Dr. Steven M. Greer (2001), quedan certificados los contactos extraterrestres, podemos agregar que nada en este universo nos debe ser ajeno.

Entonces, tratando de tomar contacto con nuestra realidad, descubrimos el horizonte de lo *transcultural* en el *Manifiesto de la Transdisciplinariedad* como un posible vehículo de rectificación de nuestros sistemas de creencias. La definición de la realidad está abierta siempre, nunca se cierra. Para intentar comprenderla solo queda el recurso de la metáfora o la poesía: una realidad regida por la sabiduría poética de saber y encarnar nuestra vulnerabilidad, nuestra resistencia y nuestra buena fe.

Si algo nos ha enseñado el Transteatro es a darnos cuenta de que el actor, como comunicador, como instrumento de comunicación, tiene el compromiso de conocer/reconocer su instrumento, es decir, su mente, su cuerpo, su espíritu, y darse cuenta de que su compromiso es llevarlo al óptimo, sin competencia. El compromiso como actor es dar la batalla para lograr un instrumento en óptimas condiciones. Y esto quiere decir ser o estar sin competencia, la victoria es alcanzar la conquista de nuestros propios territorios. De esta manera, el entrenamiento, la capacitación, deja de ser una lucha contra alguien, porque no hay a quien ganarle, cada quien es responsable de optimizarse personalmente, de auto-observarse con honestidad, y avanzar en esa dirección, para poder circular victorioso sobre el escenario. La victoria es conquistar nuestra propia plenitud y compartirla en forma poética, es decir, en alguna forma de hacer arte; en nuestro caso, haciendo Transteatro.

Entonces, descartado el demonio de la competencia, esta auto-observación honesta, para nosotros, se convierte en un proceso *transfronteras*, porque buscamos estar siempre como en una especie de respiración mental que nos lleva del contacto con nosotros mismos, al reconocimiento y contacto con el que está enfrente, con el otro. Estar adentro/afuera, dándonos cuenta de que, como diría el maestro

Ortega y Gasset, "soy yo y mi circunstancia" (1985). Auto-observando nuestro proceso nos damos cuenta de quienes somos y cuál es nuestra circunstancia. De esta manera, de la filosofía, volvemos a caer en el teatro, cuando nos damos cuenta de que Stanislavski nos dice que un actor en escena debe de mantener su diálogo interno, respondiéndose intermitentemente en su interior: ¿quién soy, dónde estoy, qué estoy haciendo? (2005). Una consciencia que se reconstruye a sí misma y a su realidad en cada respiración. Una *realidad en tránsito*: ese es el escenario, esa es la vida.

¿Y qué papel estamos representando en este instante, al escribir esto?, ¿al compartirlo con ustedes?, ¿al buscar comunicar nuestra *realidad* para abrir fronteras, posibilidades de reconocer universos que nos hagan sentir mejores?, ¿al reconocer la Verticalidad cósmica como proyecto social, la *atención* puesta en el tránsito? ¿A dónde vamos? ¿A dónde queremos ir? ¿Qué tipo de roles nos interesa desempeñar?

Shakespeare y Calderón nos enseñaron que dentro del gran teatro del mundo todos estamos continuamente actuando, que el rol que elegimos, o el que la sociedad elige por nosotros, no siempre es el rol que el destino nos tiene asignado; que debido a la importancia personal, la soberbia, la envidia, la voracidad, o a una idea dislocada de uno mismo asumimos roles errados y, por consecuencia, son roles que provocan angustia, *stress*, dolor mental y confusión social, aunque pueden producirnos excelentes beneficios económicos. Pero al actuar un papel equivocado, al estar *miscast* dentro de la Verticalidad cósmica, seremos siempre malos actores. De ahí que confundamos el éxito aparente que da el tener, con la serena victoria que da el ser. No siempre el mejor actor —el que es lo que es— recibe los mejores dividendos de la sociedad. Al contrario, los clásicos aciertan al evidenciar que los actores más falsos, más estereotipados y farsantes se encuentran entre la mayoría de nuestros políticos, líderes de religiones, directores de industrias médicas, científicas y mediáticas, o jefes de sectas de cualquier índole: son en general, económicamente, los mejor pagados. Mientras el ser humano que desarrolla una sensibilidad poética de la vida, que se permite asumir con alegría su lugar en el cosmos, es condenado económica y socialmente al ostracismo. Esto es así porque la estructura social es perversa: celebra el triunfo del "listillo" sobre el inteligente y sensible, del truco sobre la auténtica magia, de la sospecha sobre la inocencia.

En casi todas las profesiones se enseña la utilización de la trampa sobre la buena fe. La educación se ha reducido a un adiestramiento para utilizar la realidad a nuestra conveniencia. El triunfo de la astucia. Las universidades certifican que sus alumnos están capacitados para "ser competentes" en leyes, en medicina, en administración, o en lo que haga falta; y la ética, los principios se vuelven ornamentos para los discursos, las celebraciones y los brindis, en donde, a sus espaldas, se anudan y tejen las más tenebrosas negociaciones. El teatro no es la excepción, pero existen núcleos teatrales con posturas como las que sostiene la transdisciplinariedad que permiten vislumbrar una posibilidad de aliento, el tránsito a una mejor calidad de vida.

Aparece una nueva dignidad, con una renovada buena fe para reconocernos como instrumentos del tránsito a una mejor calidad de vida en la ciencia (consciencia) y en las artes, y por eso vale la pena apostar y luchar.

De ahí la urgencia de investigar procesos *transteatrales* que coadyuven a establecer una respiración profunda dentro del asfixiante golpeteo que padecemos, particularmente en las grandes ciudades.

El teatro *transcultural*, por un lado, nos abrirá al análisis de la realidad desde la perspectiva cuántica: Sujeto–Objeto–Tercero oculto y, por el otro, a la recuperación de la estructura original del rito que también, es *trans*. El Transteatro —que no trans de "tranza", sino trans de tránsito libre en el pensamiento—. Recordemos, como bien nos enseñó Víctor Turner (1982), que uno de los fundamentos del rito es la transportación/transformación: nos transportamos en el espacio, y en este proceso de tiempo nos transformamos; comienzo en un punto, con un estatus, y termino en otro, transformado. Este proceso *trans* manejado en todas las estructuras rituales del mundo es una manera de acercarnos a la Verticalidad cósmica, de donde brota una mejor relación humana.

Estamos en el momento de una sacralidad secular, de una religión personal, de un contacto directo con lo sagrado, sin intermediarios. Las religiones sectarias tienden a desaparecer y se difunde entre nosotros una sensibilidad cósmica, un sentimiento de contacto personal con lo innombrable, sin necesidad de consolidarlo en iglesia, grupo o partido, una religiosidad sin rostro definido: *trans*, una consciencia de algo universal que nos une, sin ser patrimonio de ninguna secta o grupo.

El teatro, el auténtico linaje teatral, a nuestro juicio, ha sido un instrumento de contacto con estos contenidos, vacunado contra la tentación de perpetuarse, o de lucrar prostituyéndose como negocio, pues todos conocemos la naturaleza de las pasiones inherentes al comercio. Como nos dice Henry David Thoreau, "esa mentira, con todas sus secuelas de bancarrota, tráfico, usura y artimañas" (1987).

En ese sentido, el linaje teatral es una especie de vehículo que nos ofrece el acceso al instante vivo, en donde florece la realidad y se abre la inagotable vitalidad de *la Fuente*, la eterna acción, la historia interminable; la humildad y el desprendimiento al sabernos simultáneamente eternos y frágiles.

Todas las culturas —tan diferentes de una sociedad a otra, de una época a otra— han generado concepciones del mundo, mitos, ritos sagrados y profanos, prácticas, tabús, gastronomía, cantos, artes, leyendas, creencias, diagnóstico y remedio a las dolencias y sensibilidades.

Con base en la estrategia transdisciplinaria, que suprime la división entre ciencia y cultura y promueve la transculturalidad, fueron identificados tres tipos de relaciones entre culturas: lo multicultural muestra que el diálogo entre las diferentes culturas es enriquecedor, aún si no apunta para una comunicación efectiva entre las culturas;

lo intercultural ha sido claramente favorecido por el desenvolvimiento de medios de transporte y de comunicación y por la mundialización económica; por su parte, lo transcultural designa la apertura de todas las culturas a lo que las cruza y las sobrepasa. En esta perspectiva ninguna cultura constituye el lugar privilegiado desde donde se pueda juzgar a las otras personas y culturas.

La *transculturalidad*, en el teatro, ha existido desde siempre. Ahora, a través de Nicolescu, podemos redefinirlo de la mano de la ciencia contemporánea. La ciencia que desde hace algunos siglos desbancó a la religión, erigiéndose en el nuevo pontificado de nuestra sociedad. Ya no creemos en la religión, ahora creemos en la ciencia. Y en este nuevo milenio, afortunadamente, en su camino de averiguar con rigor la realidad la ciencia nos conduce de regreso al misterio. Es ahí, en ese proceso de reconocimiento y aceptación del Tercero oculto —o del campo de la no resistencia—, donde la Transteatralidad tiene mucho que ofrecer.

En una de las sesiones de trabajo, durante el Encuentro que se realizó en 2009 en Xalapa con Basarab Nicolescu,[30] el maestro postuló que, finalmente, estamos atorados entre dos paradigmas básicos: el *homo religiosus* y el *homo economicus*; que estas dos corrientes están en pugna, y que su reconciliación es la base de nuestro avance. De ahí la urgencia de promover un diálogo de culturas para encontrar una nueva mística; él lo llamó un proceso *apofático*, que quiere decir la consciencia del misterio de la realidad. Pero, además de misteriosa —nos compartió— la realidad es *plástica* porque se ve afectada por nosotros, por nuestras acciones y nuestros pensamientos. Como posible salida de reconciliación entre el *homo religiosus* y el *homo economicus*, uno de nosotros propuso una nueva disciplina: *Tecno-mística*, una tecnología mental basada en el pensamiento religioso y científico actual que nos podría ayudar en nuestra educación interior donde reside la au-

---

[30]Seminario-Encuentro con Basarab Nicolescu, organizado por la Maestría en Estudios Transdisciplinarios para la Sostenibilidad de la Universidad Veracruzana, del 17 al 20 de febrero de 2009.

téntica evolución/revolución del ser humano. Reencontrar ese espíritu *apofático* donde el teatro, como poesía del espacio y del tiempo, pudiera coadyuvar a través de su acción escénica *transcultural*, a acercarnos a esa Verticalidad cósmica. Después de reflexionar ambos coincidimos en que la alternativa estaba en ir más allá del teatro y, en concordancia con la teoría y Metodología transdisciplinaria postulamos que el Teatro transdisciplinario o Transteatro:

1. Está más allá del teatro sin dejar de ser teatro.

Más que producir *obras*, propicia *acontecimientos* abiertos a la incertidumbre donde no existe la separación entre actores y espectadores —sin que deje de haber actores y espectadores— pues, como el rito, es una propuesta que invita la las personas y al ecosistema a la creatividad transformadora. En este sentido se trata de experiencias *transteatrales y transescénicas*: acciones que una persona realiza de manera consciente y con sentido comunitario a partir de una urgencia individual y colectiva para responder a la pregunta que detona sus acciones, y para situarse de otra manera en el mundo.

Propicia el diálogo entre lenguajes, representaciones y realidades, sin pretender hacer un espectáculo "puro"; los participantes gestionan acciones más allá de las reglas y convenciones de una representación teatral.

Los actos y experiencias transteatrales son acciones internas y externas que ocurren de manera presencial, pero que pueden incluir lo virtual; se producen de manera consciente, sin excluir lo inconsciente. De este modo se establece una relación diferente con lo "Real".[31]

Desde esa perspectiva el Transteatro emerge como la vía transfiguradora orientada hacia el autoconocimiento y la unidad del conocimiento. No se plantea la eliminación del *Teatro*, pero se reconocen sus limitaciones —como el código básico al que alude Fischer-Lichte (1999, 29)—. Por el contrario, las preguntas que desde el

---

[31] Ver (Nicolescu 2011a, 16).

Transteatro se formulan son muy diversas: ¿Qué es la *representación*? ¿Quién representa? ¿Quién es representado? ¿Quién mira? *¿La representación* es una característica del ser humano? ¿Qué otros seres vivos representan? ¿Cuáles son las representaciones humanas? ¿Cómo se representa? ¿Qué hace la *representación*? ¿Qué *realidad* tiene la *representación*? ¿Cómo se representa *lo real*? ¿Cuál es la relación entre mundo y *representación*? La complejidad y la transdisciplinariedad, bases del Transteatro, permiten trascender cualquier reduccionismo.

2. Es una expresión comunitaria

La posmodernidad fomentó el culto al individuo haciéndolo creer todopoderoso, con carta abierta para cumplir sus deseos sin tomar en cuenta a los otros. La Cosmodernidad, en cambio, propone una nueva convivencia, muy diferente a aquella que fomenta la homogeneización en los patrones de vida y de la cual el agente cultural son los mass-media, especialmente la televisión.

Para lograr esa nueva convivencia es necesario preservar y abrir las culturas, y situarnos entre lo local y lo planetario. Es preciso fomentar la ética de la diversidad y de la comprensión, es decir, vivir la ética en un intercambio dialógico entre egocentrismo y altruismo, pero, principalmente, como un acto de religación con el próximo, con la comunidad, con la sociedad y con la especie humana. Una auto-ética constituida por la ética de tolerancia, de libertad, de fidelidad para la amistad y el amor. La ética de la comprensión es una ética comunitaria que procura entender y transformar la incomprensión, causa de violencias y de guerras, es también una ética de esperanza y de resistencia para la crueldad humana (Morin 2006, 214-216). Su mayor prueba consiste en comprender lo incomprensible y se manifiesta en el perdón que hace desaparecer el círculo vicioso del ultraje y la venganza.

Los actos o experiencias transteatrales y transescénicas son acciones que una persona o grupo realizan con sentido de comunidad a partir del deseo de retroalimentarse de energía y creatividad frente a cualquier situación que la propia comunidad requiere. Para tal fin se utilizan los recursos escénicos y mitológicos de la propia cultura (espaciales, actorales, musicales, dancísticos, escenográficos; como también mitos, leyendas, tradiciones, etc.), si bien trascienden lo local.

Parte del proceso de alienación de las personas con su cuerpo y con la belleza del mundo es haber expulsado a los humanos *normales* del ámbito de las artes y en general de la creatividad, como también de la capacidad para ejercitar un comportamiento expresivo. Esto ha provocado que conceptual y prácticamente se genere la dualidad artista-espectador que convierte a la inmensa mayoría de los humanos en receptores pasivos de los procesos de transformación y participación del acto estético. Por otra parte, la actitud *profesional* del artista e intelectual lo postra en un ámbito de protagonismo. Por eso es importante tener presente la *Estética de lo performativo* (Fischer-Lichte).

El Transteatro está en concordancia con la visión del *Teatro Pobre* de Jerzy Grotowski pues elimina lo innecesario para alcanzar una genuina comunicación entre los participantes del evento.

La fiesta es su espacio primordial pues está presente en cualquier celebración de carácter lúdico-festivo. Es un medio para conjurar actos que tienden a destruir los vínculos conviviales comunitarios al realizar acciones de reencantamiento y contribuyendo al conocimiento, preservación y regeneración de las más valiosas tradiciones como expresión de la humana condición. Lo comunitario le da cohesión y sentido a la experiencia *transteatral*.

3. Es transnacional, por lo tanto es planetario

El Transteatro es una propuesta acorde a la concepción actual de la sociedad-mundo, es decir, de un sentimiento común del destino planetario (Morin 1993).

Los Estados-nación basaron su propuesta cultural y teatral en el desarrollo de tradiciones legitimadas por el poder político y económico, más que por las propias comunidades, limitando su acción al espacio local, estableciendo fronteras en defensa de *lo propio* y de la tan ponderada *identidad*.

Hoy en día, frente la obsolescencia de los estados nacionales —máxima expresión política de la modernidad, incapaces de contener la diversidad y de generar satisfacción para la gente—, la posmodernidad instituyó la globalización que impone un modo de vida encaminado a la estandarización u homogeneización cultural, trayendo consigo la fragmentación de las identidades, el debilitamiento del Estado y la caída del centro de poder.

El nacionalismo y la globalización no son alternativas para la hominización pues mantienen el principio de *pensamiento único* y el interés por aumentar la productividad del sistema económico vigente. Con la globalización se busca crear una *Comunidad de consumidores*, así, la pregunta que emerge es: ¿Cuales son los valores en los cuales se sustenta?

Más que un sujeto consciente y solidario se fomenta la adopción de personalidades múltiples, porque cada una de ellas consumirá diferentes productos, ésta es la lógica de los negociantes. Por otro lado, desde el pensamiento complejo y transdisciplinario emerge la sociedad-mundo como expresión del destino común planetario.

4. Es transpolítico, por lo tanto es antropolítico

La transición para la sociedad-mundo requiere de una *antropolítica* en términos de Edgar Morin (1993), es decir de una política de lo humano que tendría como misión más urgente solidarizar al mundo, comenzando con las solidaridades locales.

Los retos a superar son, por un lado, el individualismo —fuente de egoísmo, generador de rupturas al interior de las comunidades— y, por otro, el avance ilimitado de la tecnociencia que está en curso de modificar la propia naturaleza humana. No hay datos seguros que indiquen hacia donde se orientará la vida en los años que vienen, pero hay coincidencia en dos aspectos: la mundialización de los intercambios fundada en la preeminencia de los más poderosos y la expansión de las nuevas tecnologías que serán cada vez más baratas con su inevitable influencia en el comportamiento humano.

Frente a semejante dominio del poder económico: ¿qué futuro nos prometen las nuevas tecnologías? ¿Más dependencia o más creatividad?

En esta perspectiva es posible reconocer movimientos sociales y culturales de integración y vinculación comunitaria que traspasan las fronteras locales y nacionales. Se vislumbra entonces el surgimiento de iniciativas que, con base en matrices culturales comunes generan proyectos de creación, formación y difusión creativa con el propósito de fortalecer los vínculos humanos y de estimular la transformación personal y social para bien de la humanidad y de la *Tierra-Patria* (Morin).

5. Es transracional, convoca todos los niveles de consciencia

Vemos a los creadores, investigadores, docentes, y promotores del Transteatro como personas que se reconocen como sujetos complejos y transdisciplinarios, con capacidad para transitar por diferentes niveles de consciencia.

El cuerpo es el escenario de la articulación del Ser-conocer. El Ser-cuerpo no es instrumento, verlo como objeto es desconocer que en él está la esencia de lo humano. El cuerpo es una comunidad, cada célula, cada molécula guarda en si una infinita memoria capaz de contener no solo los procesos de movimientos físicos y biológicos que nos mantienen con vida, sino la memoria de funcionamiento de todos los ancestros que nos precedieron hace millones de años provocando, por evolución, nuestro actual y única presencia.

Percibir cuándo aparece un silencio particular y se vive un momento de intensa belleza (Brook 1997, 96), es también un momento de profunda emoción que hace que los participantes se sientan formando parte de un solo ser. Esa percepción permitirá la ampliación de nuestra consciencia y de nuestra relación viva con el cosmos.

6. Es trialéctico, supera todo binarismo

Mediante la estructura ternaria: energía, movimiento e interrelaciones (Brook) es posible trascender la contradicción. Propicia, además, la armonía entre las energías femenina y masculina que las instituciones humanas de la antigüedad y de la modernidad buscaron separar desencadenando una violencia injustificable del hombre hacia la mujer. El binarismo hace que se mantenga el conflicto, característica del teatro dramático.

7. Es transpoético, sin eliminar lo prosaico

Hoy la hiper-prosa procura imponerse en el mundo, donde predomina el modo de vida monetarizado, cronometrado, parcelizado, compartimentado y atomizado; mas, en lugar de alcanzar su objetivo, estimula el surgimiento de una hiper-poesía civilizadora de las relaciones humanas en la tierra, cuyo fin es transformar nuestro vivir cotidiano en estado poético (Morin 2003b, 153-157).

Lo transpoético tiene como principio la afectividad sin eliminar la efectividad. Lo afectivo es hacer las cosas con sentido poético. La efectividad es recompensada en la sociedad moderna y pos-moderna, desatendiendo la afectividad a la cual siempre podremos recurrir para no transformarnos en autómatas.

8. Es autopoiético, no hay *un creador*.

En el Transteatro la organización es autopoiética y se hace ostensión de las reglas y convenciones de la representación. Algunas de las condiciones para su emergencia son: capacidad de autogeneración, cuidado para detectar y luchar contra la tendencia a la mecanización, dialogismo y convivialidad con distintas formas de representación y, sobre todo, resistencia a toda posibilidad de simplificar.

Después de haber esbozado las principales características del Transteatro, solo resta decir que su anhelo es la formación de sujetos cósmicos y conscientes, es decir *Trans-sujetos*. Así, colocados en el centro de nuestro propio mundo y englobados en una subjetividad comunitaria, podremos reconocer nuestra autonomía y nuestra dependencia de condiciones genéticas, sociales y culturales: somos libres, pero nos poseen fuerzas ocultas, estamos dentro de todo lo que observamos y conceptualizamos.

El Transteatro ofrece la oportunidad de experienciar la integración de saberes y ayuda a comprender, sentir, relacionar y, en suma, a entrar en conexión con todo lo que existe. Todos los individuos —hombres y mujeres— participamos auténtica, libre y confiadamente, compartiendo con el otro la maravillosa oportunidad de estar vivos, lo cual da por resultado seres más conscientes y verdaderos, pues los niveles de información del objeto se conjugan con los niveles de consciencia del sujeto.

Un Transteatro que trabaja para la evolución de la consciencia es el mejor laboratorio para la inclusión del Tercero oculto y para la coexistencia de diferentes niveles de realidad. Por eso estamos de acuerdo con Nicolescu en cuanto a que hoy en día la evolución no puede ser otra que una "revolución de la inteligencia que transforma nuestra vida individual y social en un acto tanto estético como ético, el acto de revelación de la dimensión poética de la existencia" (2009a 68).

En suma, en el Transteatro se genera un lenguaje escénico que muestra la riqueza y vigor de las culturas locales en diálogo permanente con otras. Es un espacio de encuentro y convivio que promueve nuevas formas de relación humana.

III. Propuestas y experiencias transteatrales

Apuntes para una Pedagogía transteatral

Cuando observamos a un actor del teatro dramático que balbucea, apenas se mueve e intenta conmoverse e impresionar al espectador; a un bailarín que se mueve, no habla y padece para transmitir emociones; a un artista circense que únicamente muestra sus habilidades acrobáticas o a un performancero cuyo objetivo es comunicar su posición ideológica a través de un acto transgresor; cuando vemos a un danzante indígena que está concelebrando un ritual para mantener viva una tradición o a un actor posmoderno que utiliza todos los recursos de las nuevas tecnologías y que interactúa con un cuerpo virtual, nos preguntamos si no habrá manera de relacionar entre sí, o mejor aún trascender cada una de estas prácticas en una poética escénica transdisciplinaria o transpoética donde el cuerpo se viva como emergencia de la comunión Sujeto-Objeto-Tercero oculto, de manera que permita a los participantes del acto, cualquiera que sea el lugar que ocupen, transitar por diferentes niveles de realidad.

Nuestra respuesta al cuestionamiento anterior es afirmativa. Sin embargo, para lograrlo, creemos necesario modificar la visión disciplinaria que desde la modernidad ha dominado en Occidente y plantear una manera distinta de conocer, pensar y hacer desde y con el cuerpo visto como fuente de energía, generador de movimiento y medio para todo tipo de relaciones.

El reto, por supuesto, es para quien quiera asumir esta tarea, pero lo es también para las instituciones de enseñanza artística, las cuales, necesariamente, tendrán que abrirse a la multi, inter y transdisciplinariedad con el fin de ofrecer a sus estudiantes una formación correspondiente a la complejidad del mundo actual, con base en una epistemología que integre tanto conocimientos tradicionales como aquellos de mayor actualidad en el ámbito de las ciencias, las técnicas, las humanidades, las artes, la espiritualidad pero, sobre todo, que fomente el conocimiento interior y supere el binarismo cartesiano.

Considerar al propio cuerpo como sujeto/objeto de investigación puede permitir descubrir y reconocer las ilimitadas posibilidades de ser y hacer mediante preguntas que solo pueden surgir de nuestras más profundas necesidades y urgencias, por ejemplo: ¿qué es mi cuerpo?, ¿qué es mi cuerpo con relación a otros cuerpos?, ¿cómo me relaciono desde mi cuerpo con todo lo que existe?, ¿qué me permite mantener la relación?, ¿cómo registro las distintas impresiones? ¿Cómo puedo estar presente y darme cuenta de lo que hago?, ¿cómo vivo mi Ser-Sujeto?, ¿cómo vivo mi Ser-Comunitario? Y, en suma, ¿cómo puedo transitar simultáneamente por distintos niveles de realidad?

Estas y otras preguntas han detonado los principios tanto de las *Dinámicas psicofísicas para trabajar el cuerpo y la mente* en el Taller de Investigación Teatral (TIT) de la UNAM para el entrenamiento actoral, como de los siete pilares de la *Transpoética escénica* (Ver *infra*) en las que el cuerpo deja de ser mirado como instrumento, medio, máquina o artificio, para emerger como un organismo humano que reconoce sus propios límites y posibilidades al examinar diversas facetas del acto creador y transitar hacia un espacio cada vez más abierto en el cual es viable experimentar todo aquello que, en su afán de especificidad, la perspectiva teatral disciplinaria ha excluido, principalmente la relación con el Tercero oculto que corresponde a lo sagrado en el enfoque transdisciplinario.

Principios de las "Dinámicas, o plataformas psicofísicas para trabajar el cuerpo y la mente", TIT-UNAM diseñadas por Nicolás Núñez

Para hacer más comprensible el objetivo de nuestra pedagogía, vamos a hacerles el planteamiento hipotético de un actor plomo y de un actor oro: Cuando se le dan instrucciones a un actor plomo, éste, del 100% de la instrucción solo es capaz de transmitir 30 y el 70 restante, se lo traga, desaparecen en el hoyo negro de su inconsciencia: es un pésimo transmisor. Por otro lado, un actor oro, cuando se le entrega el 100% de texto e indicaciones comunica el 100%: es un excelente comunicador.

¿Son diferentes? ¡Por supuesto! Uno transmite 30 de 100 y el otro 100 de 100. Sin embargo, dicen los científicos que la composición material tanto del plomo como del oro es la misma, la única diferencia que existe —y este es un punto muy importante— es la velocidad molecular. El plomo tiene una velocidad molecular lenta, se traga todo, es un hoyo negro. El oro tiene una velocidad muy alta y con él no se pierde nada. Con este modelo definimos a nuestras técnicas de entrenamiento actoral como *aceleradores moleculares*.

Cuando definimos que nuestra pedagogía se basa en aceleradores moleculares, la gente echa a andar un sinfín de resistencias; les parece imposible transformar el plomo en oro y pasan por alto que esta transformación/transubstanciación es exactamente la misma que nos piden todas las grandes escuelas de conocimiento, tanto la náhuatl como la budista: esto es, transformar una mente humana ordinaria en una mente humana despierta, y esa transformación es exactamente el trabajo que se le pide al actor, ese es el linaje que nos han heredado los que trabajan con pasión el teatro.

La velocidad cambia el status de la materia

Utilizar no solo el entrenamiento, sino el propio evento escénico como herramienta de transformación es una posibilidad que en el Taller de Investigación Teatral se ha cultivado: gestionar eventos escénicos como plataformas de transformación, intentar modelos dramáticos que sean la extensión de los fluidos del universo, un modelo dramático que comparta, comunique y haga sentir la Verticalidad cósmica.

Esto se mueve y no nos damos cuenta. Esto se transforma transformándonos y no nos percatamos del cambio. Esto está vivo y no lo apreciamos. La vida nos vive y antes de darnos cuenta se nos escapa de las manos.

Tal vez, si nos diéramos cuenta de la importancia que tiene el integrar nuestras acciones y movimientos a la gran danza, nuestras creencias, expectativas y proyectos de vida tendrían otro sentido, otro color, tal vez seríamos lo que realmente somos. Por eso se requiere una pedagogía teatral que tenga a la Verticalidad cósmica como columna vertebral de un teatro que pretenda realmente transitar el universo y compartir la fulgurante y terrorífica consciencia de sabernos *universo* para recuperar, como dice el poeta, "el olvidado asombro de estar vivos" (Paz 2008).

Hacia una transpoética escénica

En los postulados de creadores como Grotowski, Valencia, Brook, en nuestras propias experiencias creativas y en la Metodología transdisciplinaria —donde los axiomas ontológico, lógico y epistemológico están presentes simultáneamente— se sustentan los siete pilares de una transpoética escénica, que contiene una nueva visión del cuerpo del Sujeto en relación con el Objeto mediante la acción del Tercero oculto.[32]

El cuerpo, en la transpoética escénica:

1. Es el escenario de la articulación física, mental y emocional del ser

Deja de ser visto como instrumento, pues verlo como objeto es desconocer que en él está la esencia de lo humano. "Nuestra primera identidad es nuestro cuerpo abierto a resonancias cósmicas", (Núñez 1987, 101-102). La cultura ha influido de manera determinante en el comportamiento corporal subordinándolo a diversas restricciones y determinismos sociales. No obstante, "un hecho sobresaliente de nuestra vida biológica es que cambiamos continuamente nuestra forma" (Keleman 25). Dicho de otro modo, es posible vivir

---

[32] Ver (Nicolescu 2011a, 27).

la plasticidad de *la realidad* en nuestro propio Ser-cuerpo con sus dimensiones biológica, socio-cultural, poética y sagrada, sin reducirse a ninguna de ellas y acceder a *lo real* donde, como en la danza, el movimiento del cuerpo "es un continuo fluir relacional creativo" (Maturana 165).

El cuerpo es más que anatomía, en él habitan la emoción, los pensamientos, el placer, el dolor, la capacidad de transformación y de percibir la belleza, pero sobre todo de generarla a través de la articulación de todos sus componentes; no puede ser simulada, es preciso que sea ejercida y vivenciada. La emoción, siguiendo a Humberto Maturana, es un fenómeno biológico que pertenece a la relación, es desde la emoción que ocurre todo el vivir animal y humano, por lo tanto el ser y hacer de las personas se manifiesta en su emocionar, o sea en el fluir de sus emociones.

A través del cuerpo el actor/la actriz realiza movimientos y también habla: "el verdadero actor *habla* realmente (...) Cuando tiene éxito, el actor habla de verdad, es decir, rompe el silencio o enmudece, toma la palabra o guarda silencio" (Gadamer 60-61). En la Transpoética el actor/la actriz producen la palabra viva que, siguiendo a Nicolescu, atraviesa en un solo instante todos los niveles de realidad.

2. Es fuente de múltiples relaciones

Con el afán de contribuir al *reencantamiento del mundo* es necesario reconocer la existencia de interconexiones sutiles y universales entre todos los eventos y niveles de organización de la realidad y tener como principio básico el restablecimiento de una nueva relación con la naturaleza, con los otros y con uno mismo. Para la transpoética solo es posible que el actor/la actriz entren en contacto honestamente consigo mismos y se coloquen frente a otro sujeto (actor o espectador) en un tiempo y espacio compartido, momento en que adquieren plena consciencia de su cuerpo, tal y como sugería el maestro Rodolfo Valencia. La visión de toda la sabiduría perenne respecto al carácter de lo humano y en general del cosmos, implica una dimensión física-mental-emocional-espiritual. Esta estructura universal de la creación es denominada *gran cadena del ser*.

Los humanos no somos únicamente máquinas moleculares, ni dispositivos conductuales. Poseemos, de igual forma que el cosmos, infinitas dimensiones trascendentes y sutiles las cuales requieren ser cultivadas y enriquecidas mediante procesos que nos permitan ritualizar y dar sentido a cada acto de relación que establezcamos. A través de los rituales sagrados nos sintonizamos con los ritmos de la naturaleza y del cosmos que se encuentran presentes tanto al interior de nosotros mismos como al exterior. El ritual nos permite restituir nuestro propio ritmo y crear un pulso comunitario.

3. Se mantiene en relación a través de la energía

El *Ser-Cuerpo* es más que signo, o sea, es elemento de interpretación y enunciador del discurso; pero, ante todo, es una fuente de energía de la que manan todas las relaciones con otras fuerzas generadoras, con otros *Seres-Cuerpos*, con el espacio y con el tiempo.

Por su carácter generador, la energía tiene especial importancia en la Transpoética. La complejidad del concepto ha sido descrita así por Edgar Morín: "es indestructible (primer principio de termodinámica), degradable (segundo principio), polimorfa (cinética, térmica, química, eléctrica, etc.) transformable (en masa, es decir, materia). Más que concepto fisicomórfico es antropomórfico, pues define la aptitud para trabajar y es un principio de generatividad, *poiesis* y producción" (1999, 315). Pero no abrevamos exclusivamente del pensamiento occidental, en la cosmovisión náhuatl la energía se denomina *tonalli* y está asociada al sol, cuya fuerza vital transforma a la naturaleza entera.

El resultado de las investigaciones del maestro Rodolfo Valencia con la bioenergética, abre el camino a la expresión y facilita la circulación de los sentimientos en el cuerpo del actor. La respiración es esencial para alcanzar un mayor nivel de energía en cualquier tipo de comunicación, sin embargo, este aumento no depende solo de ella, se tienen que abrir canales de auto-expresión por medio del movimiento, la voz y los ojos (Lowen 1985, 48). De hecho se considera que el grado de espíritu que tiene el individuo está determinado por su vivacidad y vibración, es decir, por el grado de energía que posee.

4. Expande su capacidad de percepción

En la Transpoética se busca la apertura de los sentidos, no la percepción mecánica, para estar atento al *llamado del intento*, es decir a la interpretación de datos sensoriales correspondientes al fenómeno específico. *Ver*, en la perspectiva de los chamanes, dice Carlos Castaneda, es la capacidad de percibir el flujo de energía del universo. La energía de nuestros cuerpos está en contacto e interacciona con la energía que nos rodea en el mundo y en el universo (53).

La respiración es el medio de conexión con la espiritualidad. Entre inhalación y exhalación puede emerger el Tercero oculto, término de interacción entre el mundo interno y externo. Entre una y otra respiración hay un vacío que, como el vacío cuántico, está lleno, así como en la concepción del *espacio vacío* de Peter Brook: entre un gesto y otro, entre una palabra y otra, entre una acción y otra, entre actor y público hay un vacío *lleno*.

5. Alcanza un estado de presente absoluto

La premisa que debe tener en cuenta el *actor/la actriz* del Transteatro es que su trabajo consiste en permitir que las cosas sucedan, debe hacer un *vacío* para ser *llenado*, para conectarse con la energía cósmica y desarrollar la *atención* para estar siempre presente, de este modo puede alcanzar la meta del arte y de la vida: la *calidad* como la define Brook.

El camino del conocimiento interior no está ligado a ideología religiosa o espiritual alguna, es una vigilancia epistémica esencial de la vida y del conocer que despierta poco interés en la mayoría de personas porque implica un trabajo y un rigor que carece de atractivo en general, ya que vivimos en un mundo utilitario con visión corta.

Sin la investigación personal con una actitud semejante a la del niño será difícil un verdadero encuentro entre seres humanos, como deseaba Rodolfo Valencia.

6. Da soporte al Ser-Sujeto *incluyente*

En la transpoética el actor/la actriz se coloca en el centro de su propio mundo y queda englobado en una subjetividad comunitaria, reconoce su autonomía y su dependencia de condiciones genéticas, sociales y culturales: es libre, pero lo poseen fuerzas ocultas y está dentro de todo lo que observa y conceptualiza. Se reconoce como ciudadano planetario pues en la actualidad, como miembros de una nación o de una cultura es inadmisible estar ajenos al mundo, por el contrario, necesitamos sentirnos parte de él y percibirlo nuestro. Somos incapaces de comprendernos entre individuos cuando solo vemos lo que nos separa y no lo que nos une.

La transpoética invita a vivir la ética de la diversidad en un intercambio dialógico entre egocentrismo y altruismo, pero, sobre todo, como un acto de religación con el prójimo, con la comunidad, con la sociedad y con la especie humana. Una auto-ética, o ética de la comprensión constituida por la ética de tolerancia, de libertad, de fidelidad a la amistad y al amor (Morin 2006, 214-216).

Parte del proceso de alienación de las personas con su cuerpo y con la belleza del mundo ha sido la expulsión de las personas *sin talentos especiales* del ámbito de las artes y en general de la creatividad, así como de su capacidad de ejercer un comportamiento expresivo. Esto ha provocado que conceptual y prácticamente se genere la dualidad artista-espectador que convierte a la inmensa mayoría de los humanos en receptores pasivos del proceso de transformación y participación del acto estético.

Por otra parte, las instituciones humanas de la antigüedad y de la modernidad tienen el sello del androcentrismo y fue solo a partir de la posmodernidad que la perspectiva de género comenzó a generar un quiebre. El androcentrismo considera al ser humano de sexo masculino como el centro del universo, como la medida de todas las cosas, como el único observador válido de cuanto sucede en el mundo. Así, en muy diversos espacios sociales, culturales, académicos, políticos, etcétera, prevalece la presencia masculina y la visión patriarcal, siendo evidente un marco social de asimetrías y desigualdades. Este proceder olvida que lo masculino está en lo femenino y viceversa. La transpoética trasciende las representaciones, imágenes y discursos que reafirman los estereotipos de género co-construyendo nuevas relaciones entre los seres humanos.

7. Permite transitar simultáneamente por distintos niveles de realidad

El cuerpo en la transpoética no es producto de la ley de gravedad, sino de la Verticalidad cósmica y consciente que permite el tránsito por distintos niveles.

Un claro ejemplo de esta Verticalidades es el ritual sagrado totonaca de Los voladores: cuando el caporal hace su danza y su música sobre una superficie de treinta centímetros de diámetro y a más de 25 metros de altura, en ese instante está conectado simultáneamente con sus dioses, con su comunidad y con la madre tierra, y si nosotros estamos conectados con él también podemos experimentarla. A esta postura podría aspirar el actor que fundamente su búsqueda en una transpoética desde la cual, si se asume con honestidad, puede ser posible iniciar proyectos escénicos transteatrales que ofrezcan una experiencia de reconexión con la dimensión sagrada. Por eso la transdisciplinariedad al unir Sujeto, Objeto y Tercero oculto considera lo *sagrado* como parte de una nueva manera de ser.

La transpoética escénica es afín con el *Paradigma de la transpoesía* del poeta Michel Camus: No sabemos qué es la poesía. Los conceptos unívocos a los cuales llamábamos hace poco *el mundo, la realidad, la naturaleza, la cultura, poesía*, se han vuelto ingenuamente reductores desde que los investigadores han tomado consciencia de la pluralidad del mundo y de las culturas, de la complejidad creciente de niveles de realidad y de niveles de percepción, escapando a la lógica aristotélica y a la dialéctica binaria. Se podría llamar transpoética la vía transfiguradora del poeta iluminado (vidente) orientado hacia el autoconocimiento y la unidad del conocimiento (1998).

A partir de Camus la *Transpoética escénica* aparece precisamente como la vía transfiguradora "orientada hacia el autoconocimiento y la unidad del conocimiento" de quienes realizan el Transteatro.

Experiencias transteatrales en El Tajín

"Transformar el teatro para transformar la vida". Este fue uno de los mensajes que el maestro Rodolfo Valencia transmitía cada vez que llevaba a cabo uno de sus procesos pedagógicos o creativos. Para quienes tuvimos la oportunidad de compartir con él alguno de sus múltiples proyectos su actitud caló muy hondo. Casi 30 años después encontramos una gran afinidad entre su postura y lo que Basarab Nicolescu llama Verticalidad cósmica y consciente. Inimaginable también que, después de ese lapso de tiempo, nos encontraríamos en la zona sagrada totonaca de El Tajín, en el Centro de las Artes Indígenas, quienes, afines a su propuesta, habíamos recorrido caminos diferentes.

Pues bien, las experiencias de la que se dará cuenta en este texto consiste en una integración *afectiva, efectiva y compleja* de las enseñanzas del maestro Valencia, de las vivencias de Domingo en el teatro comunitario, de los principios del Teatro Antropocósmico propuestos por Nicolás, de la sabiduría totonaca así como de la visión compleja y transdisciplinaria del teatro que hemos venido configurando en los últimos años.

Estas experiencias iniciaron en octubre de 2007 cuando se abrió la Casa del Teatro en el Centro de las Artes Indígenas *Xtaxkgakget Makgkaxtlawan* (El resplandor de los artistas) dentro del parque temático Takilsukhut, ubicado en la zona sagrada totonaca de El Tajín, Veracruz.

Por experiencia *transteatral* entendemos la acción que una persona realiza de manera consciente y con sentido comunitario a partir de una urgencia individual y colectiva para responder a la pregunta que detona una acción y situarse de otra manera en la realidad. Para tal fin se utilizan los recursos escénicos y mitológicos del propio ámbito cultural (espaciales, actorales, musicales, dancísticos, escenográficos; así como mitos, leyendas, tradiciones, etcétera), pero que trascienden lo local, de ahí que sea transcultural. Es necesario adelantar que si bien se parte de la disciplina teatral, el propósito es ir más allá de ella, e inclusive de lo escénico.

Teatro comunitario

Una de las vertientes más significativas del teatro en México y en el mundo, es aquella que tiene su fuente en las culturas originarias y en un tipo de estructuración comunitaria donde sus integrantes participan y/o determinan el desarrollo de todo el proceso de preparación, ejecución y recepción. Las formas tradicionales tienen el propósito de conservación y las formas contemporáneas de transformación cultural, pero cada una es consciente de su inclusión en la otra. En ambas formas se hallan tendencias religiosas, profanas, históricas y políticas. Muchas de ellas tienen alcance nacional por encontrarse en diversos estados del país, y otras regional o local, cuando comparten un área geográfica o cultural delimitada o pertenecen a una comunidad específica. Lo comunitario está dado por los elementos culturales compartidos: lengua, religión, territorio, etcétera; esto produce unidad pero también diversidad. Los teatros comunitarios difieren, entre otras cosas, por el tipo de comunidad en donde se generan y desarrollan: rural, urbana, indígena, mestiza, profesional incluso, pero todos comparten el objetivo de establecer relaciones de respeto, tolerancia y comprensión entre sus miembros, así como el apego a valores profundos. Rehúsan la división de la comunidad en donde accionan y estar al servicio de una ideología en particular, aspiran, en cambio, a la formación del sujeto comunitario en el sentido antes expuesto.

Son muchas las personas que han mantenido vivo el Teatro Comunitario, desde quienes en sus pueblos son guardianes de una tradición, hasta aquellos que se encuentran al frente o forman parte de un grupo teatral comunitario de reciente integración.

El proceso de creación que caracteriza a este teatro está basado en la *metodología de investigación-acción participativa* fundamentada en la interacción del grupo de teatro y su comunidad.

La Asociación Civil Teatro-Comunidad, TECOM, tuvo un papel generador que rebasó los límites del espectáculo teatral y repercutió a nivel comunitario en grupos netamente indígenas y en zonas urbanas con acciones como: fiestas y cursos nacionales, estatales y regionales, realización de estudios y la publicación de artículos de divulgación en México y en el extranjero. Desde 1987 y hasta 1999 se realizaron las *Fiestas nacionales de teatro-comunidad* que llegaron a aglutinar un promedio de 30 grupos por Fiesta, teniendo como sede poblaciones indígenas: Coxquihui, Veracruz; Zitlala, Guerrero; Caltzontzin, Michoacán, Amecameca, Estado de México: Ocotlán, Oaxaca y muchas más.

Prácticas mítico-rituales totonacas

Para los totonacas (de tutu: tres y naku: corazón) todos los elementos que existen en el mundo tienen vida, comenzando por sus dioses que dotaron al ser humano de todo lo necesario para vivir: el sol, la luna, las estrellas las plantas, los animales, el aire, el agua, las piedras, el fuego, la montaña, la tierra; todos tienen un espíritu y un dueño que cuida de ellos (Varios, 2008: 101). Es por eso que toda acción tiene un sentido ritual y es necesario pedir permiso a las deidades para contar con su protección. Las danzas, la música y la teatralidad forman parte de su cosmovisión religiosa. El ejemplo más significativo es la *Danza de los voladores* de origen precolombino y consagrada al Padre Sol.

En este marco, la creación del Centro de las Artes Indígenas en las instalaciones del Parque Temático *Takilhsukut,* tuvo la intención de fortalecer tan importante patrimonio y de tomarlo como base para una permanente generación artística en diálogo e intercambio con creadores de otras culturas del país y del mundo. La Casa del Teatro es entonces un espacio de diálogo e intercambio de las diferentes tradiciones teatrales que las diversas experiencias culturales han generado.

Antecedentes teatrales transculturales

La reflexión sobre el teatro *transcultural* es todavía incipiente, y lo es más todavía dentro de la perspectiva de la transdisciplinariedad, dado que los trabajos existentes están ubicados en el campo de los *Estudios culturales*.[33]

Patrice Pavis, en *¿Hacia una teoría de la interculturalidad en el teatro?* (325-345) presenta —en una verdadera guerra terminológica— todos los prefijos del concepto cultura, pone el énfasis en lo *intercultural* y se instala dentro de la Postmodernidad.

Si en el campo de la teoría apenas se está en los inicios, en el terreno de la práctica teatral las interacciones entre teatro y cultura iniciaron desde la antigüedad, como bien aclara Fischer-Lichte;[34] aunque hasta finales de los años sesenta del siglo pasado comenzaron a manifestarse de forma más sistemática en la obra de los directores europeos Peter Brook, Eugenio Barba o Arianne Mnouchkine, entre otros.

Para comprender lo *intercultural* Pavis propone entender la *cultura* como un sistema de significaciones que permite a una sociedad o a un grupo comprenderse a sí mismos en su relación con el mundo, o sea un sistema de símbolos mediante los cuales el hombre confiere una significación a su propia experiencia (325-347). En este sentido,

---

[33] Es el caso, entre otros, de los libros de Patrice Pavis, *Tendencias interculturales y práctica escénica* y de Maria Shevtsova *Theatre and Cultural Interaction.*
[34] Ver (Fischer-Lichte 1994, 37-52).

aclara el teórico francés, el teatro intercultural limita su campo de experiencias pues casi nunca se pone directamente al servicio de una lucha política, ya que parece haber perdido su virtud militante ligada a la búsqueda de una identidad nacional, debido a la relativización histórica y política de los fenómenos culturales que hace el sincretismo posmoderno (326-329).

Considerando la interculturalidad como matriz, Pavis propone las siguientes variantes: lo *intracultural* es correlativo a lo intercultural, designa la búsqueda de las tradiciones nacionales a menudo olvidadas, deformadas o rechazadas con el fin de revaluar las fuentes de un estilo de actuación para situarse mejor con relación a las influencias externas y profundizar los orígenes y las transformaciones de su *propia* cultura;[35] lo *transcultural* trasciende las culturas particulares a favor de un universalismo de la condición humana. Los directores de escena transculturales se interesan en captar mejor lo común, irreductible a una cultura determinada. Brook, por ejemplo, se interesa en esta "cultura de los lazos" que une a los hombres en su humanidad profunda más allá de las diferencias etnológicas e individuales y es comunicable directamente sin distinción de razas, culturas y clases. Este transculturalismo lo empuja a buscar un lenguaje universal del teatro, a "articular un arte universal que trascienda el nacionalismo estrecho en su intento por alcanzar la esencia humana" (330-331). Pavis habla además de lo *ultracultural* o sea la búsqueda mítica, de los orígenes y de la supuesta pureza perdida del teatro, el movimiento de retorno a las fuentes y la reapropiación de los lenguajes primitivos tal como lo consideraba Artaud; lo *poscultural*, remite al pensamiento posmoderno que recupera elementos ya conocidos o expresados en todo acto cultural o artístico. Finalmente lo *Metacultural* es lo *poscultural* que se da cuenta de tener en su naturaleza y su estrategia venir por encima, en posición de dominio con relación a otros datos culturales.

---

[35] Dentro del campo multicultural el "intraculturalismo" es la posición considerada válida en países víctimas del colonialismo por Rustom Bharucha, teatrista hindú que cuestiona la actitud "intercultural" asumida por los creadores occidentales.

La perspectiva multi o intercultural tiene importantes limitaciones de cara a la visión transdisciplinaria.

Experiencias en El Tajín

Con la certeza que el Teatro Comunitario es más que una expresión marginal —pues es sin duda el que mejor expresa el sentido de la civilización planetaria que nos alienta a la plena hominización y a reconocer nuestro destino común, como invita a hacerlo Edgar Morin[36]— iniciaron las actividades de la Casa del Teatro en el Centro de las Artes Indígenas.

Todo surgió de un Taller propuesto por la Facultad de Teatro de la Universidad Veracruzana a partir de las siguientes premisas: Hoy podemos escuchar y ver en muchos lados voces y movimientos que expresan la urgencia de una nueva convivencia con todo lo que existe. Requerimos entonces de prácticas de reconexión que reconstruyan nuestro estar en consciencia para percibir la belleza de la forma, el aquí y el ahora. Precisamos tocar el enorme poder creador de nuestro ser y de cada elemento que nos rodea, el movimiento de nuestro cuerpo y de nuestra comunidad que potencia nuestra capacidad de conocer y de vivir.

Los objetivos eran coincidentes con los del Centro de las Artes Indígenas: "Que la población Totonaca sea generadora de una expresión creativa que manifieste su riqueza cultural y que permita el diálogo creativo entre las mismas y con otras culturas del país y del mundo".

Como resultado del primer taller coordinado por Nicolás se elaboró de manera colectiva la obra: *Tejedoras del Destino* a partir de un mito de creación totonaca que nos compartieron las y los participantes en el Mundo del Algodón. Los diálogos de la obra se hicieron en totonaco y español.

---

[36] Ver Morin 1993: 224-225.

En *Tejedoras del destino* participaron estudiantes totonacos de la Universidad Veracruzana Intercultural con sede en Espinal: promotores culturales de la Unidad Regional de Culturas Populares en Papantla: así como estudiantes y maestros de la Facultad de Teatro.

Tejedoras del destino se presentó en Cumbre Tajín 2008 y en el UV-FEST "Festival de la Tierra" que se celebró el 29 y 30 de mayo en las instalaciones de la USBI-Xalapa.

Talakgánu

Con el antecedente de *Tejedoras*, dimos inicio a una nueva experiencia *Talakgánu* (Máscara). Desde la primera reunión de trabajo se detonó la actividad creativa, posteriormente cada participante fue aportando y recibiendo lo que en el proceso se fue generando. Esto implicó una transformación permanente y la consciencia de mantener una intención y alcanzar una estructura unificada y abierta hacia lo sorprendente e imprevisto, más que perseguir un objetivo final.

El compromiso que se asumió rebasó el que tradicionalmente exige el oficio actoral. Sin que se hayan hecho explícito todos los miembros de La Casa del Teatro aceptamos que estábamos en un lugar regido por las deidades totonacas y cargado de muy diversas energías. Teníamos, por lo tanto, que estar atentos a todas las señales que aparecieran en el curso de nuestro trabajo y, por supuesto, realizar las ofrendas y mantener una actitud vertical para evitar cualquier alteración a la armonía cósmica.[37]

Desarrollo del proceso:

---

[37] Es importante compartir que durante el Primer Taller de Creación se presentó una situación de riesgo. Al término de la jornada de trabajo, cuando dormía, una de las integrantes tuvo un agudo problema respiratorio que puso en riesgo su vida. El coordinador de la casa del teatro Domingo Francisco se dio a la tarea de ayudarla y afortunadamente lo consiguió. A la mañana siguiente se comentó en círculo el incidente y Domingo Francisco, haciendo referencia al sueño que había tenido, dijo que "los dueños" estaban enojados porque no se les había hecho ofrenda al inicio y en el lugar donde habíamos realizado la experiencia anterior. Entonces hicimos la ofrenda y el Taller transcurrió sin percances.

1. Primer Taller de Creación. Este Taller se realizó el segundo fin de semana de octubre de 2008 con duración de 30 horas. Su objetivo fue la integración y sensibilización de todos los participantes, así como la definición del planteamiento guía. En círculos de diálogo nos fuimos conociendo y reconociendo los miembros de los distintos grupos provenientes de Coxquihui, Espinal, Papantla y Xalapa; a través del círculo de la palabra establecimos que era importante trabajar, desde nuestra experiencia socio-cultural, con el problema de la identidad, para lo cual nos pareció pertinente el símbolo de la máscara. La máscara, elemento central de todas las culturas y que en México ha sido motivo de reflexión de pensadores como Rodolfo Usigli y Octavio Paz. El primero se preguntaba sobre cuál era el verdadero rostro del mexicano, ¿el del indio, el del mestizo, el del criollo? y respondía que "no conocemos rostros, *solo máscaras*" (2002, 138). En tanto que Octavio Paz caracterizó a los mexicanos como "cerrados a sí mismos y al mundo", pues —decía— "colocan una máscara entre la realidad y su persona" (1997, 44). Por eso, en esta ocasión, teníamos la oportunidad de responder desde la zona más profunda de nuestro ser.

En las sesiones coordinadas por Nicolás trabajamos para dar la batalla como actores capaces del máximo de entrega. La dinámica propuesta en esta ocasión fue *Citlalmina*, una combinación de danza tolteca-chichimeca y la danza tibetana del *Sombrero negro*. También se enriqueció el Taller con movimientos del Cuarto Camino a cargo de Jorge Rodríguez Cano.

2. Cada grupo se comprometió a seguir su preparación y a proponer en una siguiente reunión, a través de sus representantes, elementos para la organización del acto. Una vez realizada esta reunión se propuso desarrollar la siguiente estructura: transitar desde la falta de identidad a la identidad social y desde aquí a la planetaria y cósmica.

3. Segundo Taller de Creación. El objetivo fue poner a prueba la estructura y elaborar la columna vertebral del acto. Se realizó del 5 al 7 de febrero.

TALAKGÁNU
COLUMNA VERTEBRAL

Primer momento

Situación: Cada individuo aislado, sin identidad (sin máscara)

Lugar de la acción: Todo el parque Takilhsukut

Puntos a explorar: caos/orden, contacto con todo lo que existe, energía vital, ¿Qué hago aquí? ¿A qué he venido? ¿Cuál es mi camino? ¿Quién soy?

Elementos de apoyo: gasa sobre el rostro, música de flauta y tambor, todo lo que encuentre a mi paso.

Acciones: desde el punto elegido se inicia con un movimiento corporal desequilibrado y se hace partícipe al público nuestra falta de identidad, así, en un estado caótico nos desplazamos hacia el palo volador. Al acercarnos comenzamos a interactuar entre nosotros y con el público cercano, se enfatiza el caos en donde las fuerzas masculinas y femeninas se encuentran mezcladas y son experimentadas por hombres y por mujeres indistintamente con dos movimientos, uno de fuerza y contracción para el masculino y otro ondulatorio y sutil para el femenino. Al sonar el caracol se polarizan las dos energías y de esta interacción se irán conformando dos círculos: femenino y masculino.

A la señal de un integrante de cada círculo se realizará una serie de trece movimientos masculinos y femeninos según el círculo correspondiente. Posteriormente cada círculo continuará realizando los movimientos tendientes a la percepción del espacio y los elementos del lugar: con las manos sobre el corazón se realizarán cuatro círculos amplios comenzando desde el cielo y regresando al pecho, sintiendo el contacto con el espacio y el cuerpo. Una vez terminada esta primera secuencia, se toman las esencias de los distintos rumbos con la mano y se llevan a la boca y a la nariz, empezando hacia arriba, luego a la izquierda, a la derecha, abajo y atrás. Al finalizar esta secuencia quedamos mirando hacia afuera de los círculos, acabando con la palabra; kaanchaw (vamos) y se da inicio a los movimientos libres e individuales invitando al público a buscar la Mesa de la Creación.

Transición: Búsqueda de la Mesa de la Creación.
Desplazamiento del Palo volador al árbol del chote

Segundo momento

Situación: identidad social (máscara / rol)

Lugar de la acción: La mesa de la creación (El árbol del Chote)

Puntos a explorar: Relación con los cuatro rumbos del universo, creación de las máscaras con movimientos, conexión con la mesa de la creación, percibirse "sin rostro", dar vida a la máscara, ¿Qué máscara soy? ¿Cuál es mi misión? ¿A dónde voy?

Elementos de apoyo: Cuatro mesas con ofrendas en los cuatro rumbos del universo, máscaras y canto.

Acciones: Una vez llegadas las mujeres a este sitio se irá conformando la Mesa de la Creación en los cuatro puntos cardinales (oriente, poniente, norte y sur), cuyo centro es el Árbol, en este punto se descubren sus rostros, colocando el paño en sus cuellos, o como cada una lo decida. Inmediatamente a su llegada inician la elaboración de las máscaras con un vaivén corporal, simulando el movimiento de las olas del mar. En la elaboración de las máscaras, las mujeres que representan a las Abuelas irán tomando los elementos del espacio circundante para su conformación y gestación de sus caracteres: la sonrisa del compañero, el azul del cielo, un pensamiento de la otra Abuela, etc. Simultáneamente, los hombres se agrupan hacia el suroeste, junto al cañal, interactuando entre ellos en caminata libre hasta que entre en acción el personaje del Diablo. El Diablo, por su parte, entra haciendo gestos y acciones propias de su talante, y diciendo con orgullo que está encargado de meter el desorden clava su bastón en el piso. Acto seguido los músicos dan pie al canto de un son con el cual se acercan a la Mesa de la Creación: Makxtumkalachaw (juntémonos)/ unukkatuxxawat (aquí en la Tierra)/ kalapaxkichaw (amémonos)/ la linantalan (como hermanos).

El narrador cuenta el Mito de la Creación Totonaca. Para este momento los hombres se encuentran hincados frente a las Abuelas y posteriormente cada uno pasa a recibir en el rumbo del universo que le corresponda su máscara. Una vez recibida, cada uno presenta su máscara y expresa su tarea, función o destino. Los hombres se van situando en un círculo externo alrededor de las mesas, como en una órbita.

Una de las Abuelas marca el momento de ir a poblar los rumbos del Universo y las diferentes Abuelas responsables de dichos rumbos indican el camino: ¡Al oriente! ¡Al poniente! ¡Al norte! ¡Al sur! Y se encaminan a su rumbo, llevando su propia máscara en la mano, cruzando la órbita de los enmascarados se colocan su propia máscara, pero son interrumpidas por el Loco que dice ¡Yo quiero ir al norte! Y se dirige sobre la órbita en sentido contrario a las manecillas del reloj, pero un enmascarado lo intenta detener. A partir de este encuentro se suceden más enfrentamientos entre los recién enmascarados, se forman cuatro parejas que empiezan luchando entre sí, incluyendo a este enfrentamiento físico, la lucha verbal que cada vez se intensifica en mayor grado hasta transformarse en una danza que inicia con el sonido del violín. En el momento álgido una de las abuelas se retira la máscara y asombrada por lo que se presenta ante sus ojos dice ¿pero qué están haciendo? ¿Por qué se pelean? ¡Basta!. A la voz de ¡silencio!, apoyada por todas las abuelas (en este momento también retiran momentáneamente sus máscaras) continúa: ¡Silencio, nadie se pelee, el mundo es muy ancho y hay sitio para todos, que cada uno escuche su corazón (se lleva la mano al corazón acción que es imitada por los enmascarados) y sigan su camino! Al momento de escuchar su corazón los enmascarados manifiestan un acto de contrición y se concilian. Una de las Abuelas enfatiza esta integración al decir: Por la reconciliación de todos los pueblos, démonos la mano en este lugar, el sol y la luna en todos los rumbos saludan la vida. Cada rumbo se relaciona con un elemento: el oriente con el fuego, el norte con el agua, el poniente con el aire y el sur con la tierra. En cada uno de estos rumbos, los responsables dirigen una sensibilización para que los invitados contacten con el elemento correspondiente y cuentan en cada rumbo la parte del Mito de los Doce Tajines relacionada con el elemento correspondiente. Terminada la sensibilización, a la señal del caracol, cada grupo de cada rumbo se dirigirá —en formación de serpiente, una fila con las manos tomando los hombros del compañero de enfrente— al árbol del chote.

Tercer momento
Situación: identidad cósmica y consciente (trans-máscara)
Lugar de la acción: El árbol del Chote

Puntos a explorar: ¿Qué significa despojarme de mi máscara? Reconocer las distintas máscaras, la ilusión de verme en el espejo, reconocerme en el otro, experimentar la Verticalidad cósmica y el convivio sagrado.

Elementos de apoyo: máscara, espejos, amaranto en dulce.

Acciones: Desenmascamiento. Nos quitamos la máscara y la colocamos frente a nosotros, sobre la tierra. Se gira a la izquierda, se comienza un recorrido danzante y ondulante entre todas las máscaras en el sentido de las manecillas del reloj hasta llegar de vuelta a la propia; en este recorrido la intención es tomar contacto con todas las caracterologías inmanentes en las máscaras, asumiéndolas como partes de nosotros mismos, haciendo a un lado toda resistencia. La máscara propia se recoge del suelo para ser llevada al árbol. Cuatro de los integrantes que se transforman en Oficiantes se acercan al montículo, toman unas bolsas de paliacate y comienzan a guardar las máscaras en ellas, recogiéndolas desde su lugar hacia la izquierda y las dejan en estos cuatro puntos para iniciar el cocimiento del caldo cósmico con una danza que irá creciendo en intensidad, acompañados por el círculo de los demás miembros participantes.

Terminada la cocción los Oficiantes sacan de las bolsas unas sorpresivas máscaras de espejo horadado, producto de dicha cocción, las presentan a los desenmascarados y al público, avanzando en círculo hacia la izquierda hasta regresar a su lugar. Inesperadamente algunos desenmascarados les arrebatan los espejos horadados y juegan con ellos y los invitados diciendo: ¡Soy yo! ¡Sí, soy yo! Al darse cuenta de ello, uno de los Oficiantes a la voz de ¡Ewa!, reforzada por los otros Oficiantes los llaman y les muestran el verdadero uso del espejo: "ver mi rostro en el rostro del otro" *Akitwix* (yo soy tú), *Wixakit* (tú eres yo). Los desenmascarados reaccionan al descubrimiento y esculcan las bolsas para encontrar más espejos horadados. Los toman y comparten el descubrimiento con el público repitiendo: *Akitwix, Wixakit.* Se ofrecen semillas de amaranto a los asistentes y tomados de las manos se cierra el círculo y se canta: *Makxtum kalachaw...*

4. Tercer Taller de Creación. El objetivo de este taller fue compartir la propuesta con Basarab Nicolescu quien realizó una visita al Centro de Artes Indígenas y pulir la Columna Vertebral.

5. Presentación de *Talakgánu* en Cumbre Tajín 2009

La última etapa se llevó a cabo del 17 al 22 de marzo en las instalaciones del Parque Temático Takilshukut. Aquí todavía se hicieron ajustes, atendiendo al flujo de las energías. Este fue el final y el verdadero inicio de la Casa, o más bien Árbol del Teatro formado por muchas ramas que representan a diversas generaciones de teatristas comunitarios, trans-culturales y transteatrales que, juntos y despojados de nuestra máscara-rol tocamos nuestra identidad cósmica reconociéndonos plenamente en el otro y diciendo desde ese lugar: Akitwix- Wixakit (Yo soy tú-Tú eres yo).

Comentario final

Una vez realizadas, constatamos que las experiencias *transteatrales* son experiencias de vida que nos sitúan en un *trans*-vivir. Lo *transteatral* integra todos los saberes para ayudarnos a comprender, sentir, relacionar, en suma a vivir plenamente.

Basarab Nicolescu nos comentó que a través del evento pudo sentirse conectado con el cosmos. También compartimos las dos experiencias con cientos de asistentes a la Cumbre Tajín 2008 y 2009; pero, sobre todo, tuvimos oportunidad de compartirlas con los *dueños* del universo totonaca, con quienes nos encontramos —luego de *transitar* hacia otro nivel de realidad— en la zona de no-resistencia absoluta, es decir en la zona de lo sagrado.

De *El príncipe constante* a *Esclavo por su patria*

"¿Pero qué mal no es mortal, si mortal el hombre es, y en este confuso abismo, la enfermedad de sí mismo lo viene a matar después? Hombre, estate atento, que la verdad sigue, hay eternidad, y otra enfermedad no esperes que te avise, pues tú eres tu mayor enfermedad". Con estas palabras, hacia el final de *El príncipe constante*, Pedro Calderón de la Barca consigna la toma de consciencia fundamental del ser humano: "Yo soy mi enfermedad". Y desde ahí preguntamos: ¿Me doy cuenta? ¿Puedo curarme? ¿Puedo curar al otro?

¿Darnos cuenta de qué? De lo que ya sabemos pero pasamos por alto: el paradigma que nos rige como humanidad está desvencijado y caduco. Si desamarramos el modelo teatral atado a la economía, al éxito, al quedar bien con la prensa y lo amarramos a la Verticalidad cósmica, se da una transformación radical sin necesidad de sacrificar ningún salario ni persona. Solo cambiamos la polaridad: ya no manda la economía sino la Verticalidad cósmica.

¿Y cómo se hace un teatro con Verticalidad cósmica? Redefiniendo todas las jerarquías que rigen nuestra vida, empezando por su sentido exacto. En términos triviales se dice que estamos vivos para ser felices, volvernos ricos y famosos, tener éxito en la vida y una excelente salud, etcétera, etcétera. Un árbol no se impone a sí mismo cuotas de clorofila, ni define su frondosidad y estatura como proceso de éxito o fracaso, *es lo que es*. El ser humano tiene que recobrar su capacidad inocente de *ser lo que es*. ¿Y qué es lo que es?: vida en acción que a través de la auto-observación se va reconociendo, buscando redefinirse paso a paso evitando alterar las jerarquías naturales. Los planetas giran alrededor del sol, el ritmo universal no permite —por mucha arrogancia e importancia personal que se tenga— que el proceso sea al revés; el Transteatro coadyuva a que redescubramos los ritmos naturales del universo y nos unifiquemos a ellos, pues *nosotros mismos formamos parte de los ritmos del universo*. Aún ahora —sentados como estamos en este instante leyendo estas palabras— seguimos en su flujo y pertenecemos al caldo en el que todos estamos sumergidos. Lo que pasa es que perdemos constantemente el paso al distraernos con las baratijas del razonamiento humano, razonamiento que desarrolló sistemas de gobierno y de economía dislocados de la Verticalidad cósmica y, por consecuencia, son sistemas fallidos como lo hemos podido certificar. Seguir insistiendo en esa línea es inútil e insensato.

Necesitamos sistemas de gobierno y de economía emanados de una Verticalidad cósmica en donde el ordenamiento deje de ser artificial y tramposo, como lo es el actual, sino natural, fértil y digno. Para lograr esto, poco a poco, el trabajo de una teatralidad trans —o antropo— cósmica tiene mucho que ofrecernos. Como podemos darnos cuenta, la auténtica revolución en el mejoramiento del ser humano está desarrollándose en el único territorio que el cientificismo económico ignora: nuestra consciencia.

La revolución de la consciencia se anuncia desde los más altos estratos de una ciencia sin contaminación como lo es la transdisciplinariedad. En el teatro apareció vigorosamente en la postura ética y estética de Jerzy Grotowski, y anuncia su continuidad en nuestro ambiente cultural, cada día con mayor vigencia.

El montaje de *Esclavo por su patria*[38] tuvo la intención de formular un trabajo escénico que permitiera oficiar un acercamiento a una realidad conectada con la Verticalidad cósmica, es decir, hacer Transteatro a partir de la propuesta transdiciplinaria de Basarab Nicolescu (2009a) y con esto *transformarnos* a nosotros mismos en agentes de *transformación* de la consciencia, necesaria para alcanzar la plenitud a la que estamos destinados.[39]

El Príncipe constante de Jerzy Grotowski

Jerzy Grotowski construyó su versión polaca de *El príncipe constante* en 1968[40], y con ello dejó establecida la corriente teatral de un *Teatro pobre*: pobre en recursos técnicos, pero rico en contenido filosófico, emocional, ético y estético. Al hacerlo, sin querer, retiró de la circulación ese texto tan importante porque al realizarlo de manera magistral se volvió un sacrilegio intentar tocarlo.

Una de las grandes lecciones fue circular siempre "ligero de equipaje" y otra que "El trabajo de Grotowski solo lo puede hacer

---

[38] Una nueva visión mexicanizada de *El príncipe constante*, escrita por Enrique Olmos de Ita, basado en *El príncipe constante*, de Calderón de la Barca y estrenado el 20 de agosto de 2009 en el teatro El Galeón de la Ciudad de México como homenaje a Jerzy Grotowski, a cargo del Taller de Investigación Teatral de la UNAM con actuación y dirección de Nicolás Núñez.

[39] Ver Nicolescu (2009a, 99).

[40] Traducida al polaco por Juliusz Slowacki.

Grotowski", decía el maestro, impulsando a recorrer el propio camino teatral. De esta manera, una de sus principales enseñanzas fue lanzarnos hacia nosotros mismos. En el intento del TIT de tocar el espíritu del texto de Calderón de la Barca desde nuestro particular punto de vista, después de más de 40 años de "intocabilidad", nos dimos cuenta de que para algunos sería un sacrilegio y, para otros, un riesgo innecesario; para nosotros fue una necesidad de confortar nuestro trabajo con nosotros mismos y con el público joven de este principio de milenio. Se trató de una irreverencia que, estábamos seguros, Grotowski festejaría.

El Príncipe constante en el teatro polaco

El Príncipe constante —afirma Beata Bazynszka tomando como referencia la pérdida de soberanía de Polonia por el poder opresor ruso en 1830-31— es un hito en la historia de los escenarios polacos".[41] Por ello es comprensible que, sumándose a la tradición y agregando a las razones estéticas las políticas, Jerzy Grotowski decidiera llevarlo a escena y, más todavía, lo convirtiera en *Manifiesto* de su *Teatro Pobre* que prescindía de la parafernalia espectacular del teatro rico y se sustentaba en la presencia del actor desnudo en un escenario vacío.

---

[41] Según Beata Baczynska (1993), a partir del romanticismo (al fracasar la insurrección contra el poder opresor ruso de 1830-31, perdida la esperanza de recuperar la independencia, miles de polacos tuvieron que exiliarse) y cita a Mickiewicz (1832) "para la nación polaca no es la muerte, su cuerpo de verdad está en la tumba, pero su alma ha ascendido desde la superficie de la tierra". Por eso concluye que "Un mártir como Don Fernando era un patriota con quien podía fácilmente identificarse los polacos desterrados" y también que "La estética de la escenificación romántica distaba mucho de la pragmática del corral". En suma "*El Príncipe Constante* se volvió un símbolo más del martirologio del pueblo polaco privado de su patria e independencia, creó su propio espacio mítico en la conciencia polaca". Después da cuenta de los montajes polacos de *El Príncipe Constante*:
1874, (en 1906 se reestrena en Cracovia)
1918, Varsovia
1926, en Vilna a cargo de Reduta, al aire libre.
1965, Wroclaw, Jerzy Grotowski.

En el montaje grotowskiano un noble, Don Fernando, cedía aparentemente a sus torturadores, aceptando incluso con entusiasmo sus crueles castigos, pero al mantener su espíritu honesto e indomable triunfaba ante ellos. Findlay y Filipowicz han querido ver una analogía entre la situación del Príncipe calderoniano y la que vivían Grotowski y su grupo en 1965 "frente a las vituperaciones de sus atacantes, políticos y demás, en la prensa polaca" (2012).

El objetivo de Grotowski

Pero más que una posición política de Grotowski, lo que despertó el interés del público y de la crítica en Polonia y en varias partes del mundo fue la teatralidad de sus aportaciones: su propuesta de dispositivo escénico,[42] su capacidad para extraer la esencia de la pieza y la manera de llevar a Ryszard Cyezlak (quien interpretó a Don Fernando) a un estado de sublimación, consiguiendo que su actuación se considerara como inicio de un nuevo actor que abandonaba todo lo que impedía una comunicación en otro nivel con el espectador. Así, más que la muerte del Príncipe, se planteaba la muerte de una forma de actuación para dar nacimiento a una nueva correspondiente al Transteatro *avant la lettre*.

En cuanto al trabajo con el texto, Grotowski intentó destacar los rasgos más característicos de la era barroca: su aspecto visionario, su mística y apreciación de lo concreto, su espiritualismo. "La esencia del teatro no está en la narración de un evento, ni en la discusión de una hipótesis…ni siquiera una visión…", decía (79). El director polaco afirmaba en su emblemático libro *Hacia un teatro pobre* "el texto es una especie de escalpelo que nos permite abrirnos a nosotros mismos, trascendernos, encontrar lo que está escondido en nosotros y realizar el acto de encuentro con los demás; en otras palabras trascender nuestra soledad" (51).

---

[42]Véase "Espacio teatral áureo y prácticas escénicas del siglo XX. Observaciones al margen de los montajes polacos de El Príncipe Constante de Calderón" de Baczynska.

Sin embargo, lo más relevante resulta su concepción del actor pues deseaba que éste lograra un acto total empleándose integralmente sin gestos mecánicos; un actor que uniera lo espiritual y lo físico, que en lugar de ilustrar un "movimiento del alma", "llevara a cabo ese movimiento con su organismo" (84). El creador polaco daba una connotación metafórica a la muerte: los actores, exponía, "deben ser como mártires quemados en la hoguera que continúan haciéndonos señales desde ellas". (87).

Estructura de Esclavo por su patria

Concebido originalmente como un monólogo —en el que se alteraba por completo la situación planteada por Calderón de la Barca, en la cual el príncipe Fernando, prisionero de los moros, prefiere morir antes de abjurar de su fe cristiana. Aquí se trataba de otro Fernando, un comandante retirado de la policía mexicana que trabaja como guardia privado de un empresario y al cual sus excompañeros detienen para que les proporcione información confidencial que les permita secuestrar a la hija de su patrón, a lo cual el excomandante se niega y muere a causa de la tortura— en el montaje se agregó un coro de cuatro actrices que asumían diversos roles de acuerdo a la situación que se iba desarrollando. Al inicio, en un escenario vacío donde el único elemento escenográfico era un retrato de Grotowski colgado del telar, se hacía un acto de preparación psicofísica frente al público en el cual actrices y actor ejecutaban algunas de las dinámicas del TIT para llenarse de energía y alcanzar la atención necesaria para la tarea. Las mujeres se iban transfigurando consecutivamente en: putas, estudiantes adolescentes, policías y madres dolientes, emulando a los personajes que asedian al Príncipe en la versión de Grotowski.

¿Teatro? ¿Performance? Ambas cosas y aún más allá. El trabajo actoral de Núñez mostraba a un actor que, a través del juego escénico, se despojaba de todo lo que podía impedirle rebasar los límites de la ilustración de un hecho escénico y así, desde su desnudez, descubrir sus acciones. Esto corresponde con la visión del *actor santificado* de Grotowski (216), pero, además, se trata de un planteamiento ético y estético a la vez. Lo ético consiste en no ocultar, lo estético en la manera genuina y consciente de hacerlo.

Cuerpo y representación de la violencia

Esclavo por su patria planteaba una estrategia para *renacer* a partir de un acto teatral donde, unificadas, la ética y la estética conspiran a favor de la vida para trascender la violencia.

El contexto de esta reflexión es la que hemos venido padeciendo en México desde hace más de veinte años pero que, especialmente en el sexenio de Felipe Calderón (2006-2012), alcanzó niveles inimaginables.

Hacer comunidad, generar mecanismos estéticos de desenmascaramiento de la violencia, construir una auto-ética y una Verticalidad cósmica y consciente serían la vía a seguir en un genuino proyecto de transformación de nuestra realidad pues con más violencia como la que se produce desde el poder al tener al ejército en las calles o invirtiendo millones de pesos para formar policías y para armarlos imposible lograrlo.

¿En qué reside la diferencia entre los discursos de y sobre la violencia? Según la perspectiva transdisciplinaria depende de la manera de situarse con respecto a los niveles de realidad.

Esclavo por su Patria, ética y estética

Para descubrir la compleja red que constituye esta propuesta escénica lo primero que hay que decir es que en la actualidad todo acto de representación sea teatral o social, efectiva o virtual, requiere de una observación que supere la incompletud del saber parcializado, del objeto descontextualizado, del fenómeno lineal, de la lógica causa-efecto que caracterizó al paradigma mecanicista-simplificador. En suma, habrá que observar *la realidad* ligada a múltiples fenómenos y niveles que exceden el campo de la lógica clásica.

¿Cómo es tratado el problema de la violencia en *Esclavo por su patria*? ¿Cómo actuar y ofrecer al espectador una propuesta teatral que, al mismo tiempo que lo conecte con la violencia cotidiana lo ponga en relación con los valores humanos imprescindibles para el convivo social? Es aquí donde la transdisciplinariedad aparece como una vía que rompe el principio binario de *a* o *b* para postular *a* y *b* y *t* (es decir el Tercero incluido, o sea la presencia simultánea de los elementos antagónicos y de un tercer elemento que, en lugar de excluir a alguno de ellos, los unifica).

Las dicotomías que caracterizan a la representación teatral convencional: teatro/vida, ficción/realidad, actor/personaje, público/intérpretes, etcétera, no tienen carácter excluyente en la perspectiva transdisciplinaria: son una y otra cosa a la vez, unidas por el Tercero incluido. Por eso también la antítesis ética/estética desaparece como tal.

Vida-Muerte. Una Transética

¿De qué manera es tratado el tema de la muerte en *Esclavo por su patria*? Para Núñez, la metáfora poética que hace vigente el texto de Calderón de la Barca es que poca gente está dispuesta a morir por lo que cree, entonces, dice, la enfermedad de la sociedad está en nosotros mismos.

Al revisar el lugar que la muerte ha ocupado en el contexto histórico-social de El Príncipe constante, de Calderón de la Barca y Grotowski, observamos que, pese a ser un tema que ha acompañado a la humanidad desde sus orígenes, el periodo llamado paradójicamente *Renacimiento* se caracterizó, debido a los afanes de conquista de las otrora potencias europeas, por la violencia, la muerte, la destrucción, la esclavitud y la explotación de América y África. Después, la occidentalización del mundo a partir del Siglo XIX mostró una nueva fase y el Siglo XX —si bien permitió la expansión de las ideas y de las religiones—, propició sobre todo la mundialización de las guerras: "la humanidad unida en la muerte", llamó Morin a la Primera Guerra

Mundial (1993: 17-20). Y de ella habría de desprenderse una secuela infinita: Segunda Guerra Mundial, Guerra fría, Guerra de destrucción del medio ambiente, Guerra por el petróleo y, en México, la Guerra contra el crimen organizado que en el periodo 2006-2012 arrojó más de 50,000 muertes, solo por mencionar algunas conflagraciones. Se trata de una máquina de terror sin fronteras que revela que seguimos estando en la edad de hierro planetaria.

El teatro y sus artistas reaccionan con razón ante este estado de descomposición, pero lo importante es hacerlo más allá de expresar una posición ideológica o religiosa, sino ofreciendo los medios para poder situarse en distintos niveles de realidad, única manera de alcanzar la plena comprensión, pues de hacerlo en un solo nivel la vida seguirá siendo vanidad de vanidades. Es así que en las tres obras referidas se vive el tránsito por los niveles: individual, como sujetos que afirmamos nuestra libertad, frente a otros cuya libertad es abolida; social, como miembros de una comunidad que vive en guerra o permanece sometida a un poder totalitario (Sea la España del siglo XVII, la Polonia de la guerra fría, o el México actual); y, a partir de este reconocimiento: el planetario, como expresión del destino común, de la urgencia de universalizar valores comunes, de extender la solidaridad humana.

Entre esos niveles ocurre la emergencia del Tercero oculto, como expresión de *lo sagrado*, es decir de reconexión con todo lo que existe: en la manifestación del poder divino en la pieza de Calderón; en la comunión que desde su interior establecen actor y espectadores en la versión de Grotowski; y en el valor que adquieren las acciones humanas al actuar éticamente en la propuesta de Núñez.

Hay que estar dispuesto a nacer de nuevo siendo necesario experimentar la muerte como señal inequívoca del acabamiento de un estado de organización bio-antropo-social para dar paso a otro. Esto es lo que otorga a la vida otra *calidad* y solo se alcanza trabajando para vivir la vida en diferentes niveles de realidad. Vivir es sentirse parte de la naturaleza en una conexión que siempre estará regenerándose; Morir, en cambio, significa pasar a través de algo que nunca se podrá repetir. La muerte como aniquilamiento y transformación que "mata el universo egocéntrico del sujeto viviente y restituye sus componentes al universo físico" (Morin 2002: 458).

En la propuesta escénica del TIT teatro y vida están unidos a través de la presencia de Jerzy Grotowski, para quien nunca estuvieron separados. La ficción y la realidad se entremezclan así en un juego explícito. Como espectadores transitamos simultáneamente por distintos niveles de realidad: individual, como personas que fuimos convocados a una obra teatral; social, como miembros de una comunidad que padece la violencia; y cósmica, por la presencia intangible de Grotowski y la energía desplegada en torno a su existencia que recibimos como fuerte impresión.

La complejidad está asumida desde el momento que el personaje de la historia deja de ser visto de manera simplista como el arquetipo de un policía mexicano, sino en su condición humana.

Violencia y Verticalidad cósmica

¿Cómo entender el fenómeno de la violencia en México? En un artículo de notable pertinencia Ricardo Guzmán Wolffer señalaba que: "Sería fácil hablar de las causas de la violencia en los mexicanos: somos un pueblo históricamente violentado, pero los niveles de violencia es lo sorprendente. El desprecio por la vida humana ha llegado a niveles insospechados" (2011). Ante esto propone comprender este fenómeno haciendo un análisis diferente del que se ha hecho con sujetos delincuentes tal y como desde la Complejidad lo ha propuesto Edgar Morin, es decir, verlos como humanos y como personas que conviven con amplios sectores de la población. Por eso apunta: "la lucha a muerte no podría entrañar la reducción del enemigo a un ser abyecto, a un animal dañino. Nunca debemos dejar de comprenderlo, es decir situarlo, contextualizarlo, continuar reconociéndolo como ser humano" (2006, 135). Y este es el acierto en el planteamiento dramático de *Esclavo por su patria*: el ex-policía, con todos sus antecedentes criminales, es mostrado en toda su humanidad.

Al finalizar la obra un coro de mujeres, la madre colectiva, se duele por la forma violenta como su hijo fue asesinado. Ese llanto, ese dolor, es el grito de la madre-tierra que cada vez se vuelve más poderoso e irrefrenable.

La violencia destruye, es una agresión en contra de un objetivo que se considera propicio para satisfacer un fin egoísta (de un individuo, de un poder establecido, de una nación o un conjunto de naciones) el *Otro* que recibe la acción deja de importar, de existir. El fin de la violencia es anti-ético, anti-poético y, por lo tanto, anti-estético.

Solo desde la ética es posible alcanzar lo estético y liberarse de la violencia, ese es el propósito de *Esclavo por su Patria* enlazado con las creaciones de Calderón de la Barca y Grotowski.

¿Cómo la violencia puede pasar a ser un artefacto estético? ¿Y cómo la ética puede permear en la forma artística del discurso sobre la violencia? La respuesta desde el Transteatro es que solo a través de una revolución interna y de consciencia.

Esclavo por su patria rebasó el principio binario, propuso una experiencia en distintos niveles de realidad y mostró la complejidad de las relaciones humanas. Estos tres aspectos están unidos por la Verticalidad cósmica y consciente.

El "gran puente": el Tercero oculto

En *El príncipe constante* de Calderón de la Barca, cuando el príncipe toma la decisión de morir se revela la simultaneidad de niveles de realidad por los que atraviesa: el individual, al aceptar su muerte biológica; el social, al aceptar su condena y defender los intereses de su nación; y el espiritual, al mantenerse constante en su fe, por eso después de su muerte física reaparece guiando a su ejército a la victoria. En ninguno de los casos mueren su alma ni su fe, lo cual se confirma en el último nivel, y esto es lo que, a nuestro entender, orientó las creaciones posteriores de Grotowski y Núñez.

También se encuentran, por lo menos, tres niveles de realidad, en la versión del maestro polaco: el individual (de Grotowski y de cada actor) que marcó de manera radical su distancia con la visión del teatro rico; el social, con un fuerte sentido de crítica al totalitarismo; y el cósmico, que hace percibir por los intersticios del evento escénico la presencia de lo sagrado.

Finalmente, en *Esclavo por su patria* destacan el riesgo que tomó Núñez al exponerse completamente en el escenario como persona y artista (nivel individual), su acto de confirmación de una doble fe: hacia el teatro de *vuelo interno* —como compete al Transteatro que busca dignificar al ser humano (nivel espiritual)—, y hacia México en cuyo renacer confía, pese a estar devastado por la ambición y el crimen, tal como se afirma en la obra (nivel social). Tres niveles de realidad conectados por la Verticalidad cósmica y consciente.

Núñez, como *Sujeto*, ha buscado ampliar su percepción y su consciencia mediante dinámicas de reconexión con lo humano y con el cosmos; construyó su Objeto (*Esclavo por su patria*) con la información que disponía sobre la obra calderoniana, con su experiencia *en vivo* en los proyectos grotowskianos, con el conocimiento, también *en vivo*, de la realidad mexicana y con el texto escrito por Olmos. Al momento de fusionarse Sujeto y Objeto emerge el Tercero oculto que cruza todos los niveles de realidad y conduce hacia la zona de no-resistencia o más precisamente hacia la *Transrealidad*, espacio donde *Conocimiento* y *Ser* se convierten en *Comprensión*.

Comentarios finales

En coherencia con la concepción del Transteatro, Núñez puso en riesgo su integridad física y mental "porque no se puede simular honestamente la degradación humana sin sufrir sus devastadores efectos" (de Ita 2009).

El cuerpo, pese a la violencia que se comete en su contra se mostraba dignificado, a través de él se revelaba un acto de fe para decirle a la sociedad y a sí mismo algo importante y lleno de sentido.

El crítico Fernando de Ita señaló:

(Nicolás) se ofrenda, como el actor santo de Grotowski, en el altar del dolor, del despellejamiento, de la desnudez total, no solo física sino interior, mostrando brutalmente la indefensión de las mujeres y los hombres raptados, secuestrados, sustraídos por la violencia que nos sofoca". Aunque no alcance el aliento sobrehumano que se requiere para abominar de la conducta inhumana de los abusadores de la violencia, el discurso de Olmos y de Núñez nos hacen sentir en carne propia el terror de sus víctimas, y clava en nuestro sistema nervioso el grito de la gente harta de la impunidad del crimen y sus gemelas, la corrupción policíaca y la tolerancia gubernamental.

A través de la postura ética y estética de Jerzy Grotowsk, Núñez confrontó a los dueños del dinero, a quienes defienden intereses criminales y a los políticos corruptos y, mediante la Transteatralidad, intentó ofrecer "un alimento de primera calidad para el espíritu" (Núñez 2009, 11).

¿De qué manera se establecen puentes éticos y estéticos entre creaciones teatrales producidas en diferentes contextos espaciales y temporales para trascender las fronteras geo-políticas, culturales y espirituales?

Se trata de comprender integralmente la problemática planteada, de ir más allá de uno mismo y del ámbito artístico para transitar por distintos niveles de realidad.

La comprensión de la compleja realidad que viven el mundo y México en particular requiere de prácticas de interconexión entre todos los elementos que la constituyen. Si bien existen enfoques que han planteado la necesidad de atender al contexto, el problema es que se guían por el paradigma reduccionista. En este sentido solo mediante una estrategia compleja y transdisciplinaria puede ser posible establecer una relación abierta y fecunda con los problemas del orbe y propiciar diálogos con diferentes formas de crear y pensar.

Más allá de la inmensa diferencia entre las culturas los seres humanos somos idénticos desde el punto de vista espiritual. Así, la cultura transdisciplinaria más que religiosa o irreligiosa, es transreligiosa, por eso traspasa la contradicción con cualquier religión y promueve la convivencia humana. Es así que, ante la posición de Calderón de la Barca, que como se observa en el conflicto entre el Príncipe católico y el Rey musulmán separa a unos humanos de otros por razones culturales y religiosas: Grotowski primero y Núñez después presentan a un sujeto que comparte con otros su humanidad.

La transculturalidad es un vehículo de primera importancia para el desarrollo de las generaciones del futuro. Y el Transteatro, a nuestro juicio, es la herramienta más idónea para llevarlo a cabo.

Más allá del teatro y del performance: "Puentes Invisibles"

A partir de nuestros descubrimientos y a través de los planteamientos de Basarab Nicolescu (2009a, 2009b) hemos venido realizando investigaciones *en vivo* sobre la manera de contactar con la realidad a través del teatro y podemos decir que hemos tenido bellos encuentros con quienes previamente iniciaron el viaje en búsqueda del Symorg, como en *El lenguaje de los pájaros* de Attar (1978). Por ello, reiteramos, más que un *Nuevo teatro* planteamos la necesidad de *un nuevo nacimiento del teatro*, el cual solo será posible a partir de *un nuevo nacimiento del Sujeto*.

Este *nuevo nacimiento del teatro* surge del propio teatro y da origen al Transteatro cuya meta es unir al Sujeto con el Objeto. Dicho de otra manera: en el Transteatro el Sujeto transdisciplinario tiene la posibilidad de vivir la *Verticalidad cósmica y consciente*, de ser él mismo de manera autocrítica, autónoma, responsable y auténtica. Con respecto a esta Verticalidad, vale la pena recordar lo que expresó el hijo del admirable Dario Fó, recientemente fallecido: "a mis padres no los seguían por ser buenos actores, sino porque eran verdaderos" (Gutiérrez 2016). Fó y Franca Rame nunca llamaron Transteatro a su actividad profesional, pero su manera de desempeñarla muestra que se propusieron ir "más allá del teatro", así lo han hecho muchos artistas escénicos, lo cual permite ver cómo el teatro puede propiciar su propia trascendencia.

El Transteatro requiere de una *investigación* donde el Sujeto transdisciplinario indaga en vivo —no *in vitro*— lo que está siendo y se abre a la realidad con el ejercicio de una *atención* cada vez menos afectada por las interferencias de los deseos y los miedos que se actualizan en la búsqueda de reconocimiento. Una *atención* que se nutre de impresiones, el alimento más nutritivo para el ser humano.

La epistemología transdisciplinaria (Nicolescu 2009a) y la Estética de lo performativo (Fischer-Lichte 2011), de las cuales se ha hablado en este libro, son la base de un nuevo paradigma.

En el paradigma disciplinario binario todo se reduce a sociedad, economía y medio ambiente. En él los niveles individual, espiritual y cósmico de la realidad son completamente ignorados pues se permanece en un mismo nivel, lo cual engendra únicamente oposiciones antagónicas. La Transdisciplinariedad, en cambio, contempla la posibilidad de transitar libremente por diferentes niveles.

Se puede existir en un plano horizontal, o sea en un nivel de realidad desde donde respondemos al despliegue de sucesos, las más de las veces de manera inercial; en cambio, si tomamos consciencia de quienes estamos siendo y de las relaciones que establecemos con todo aquello que percibimos podremos tener la experiencia de la Verticalidad cósmica y consciente. De este modo será posible la unión del Sujeto con el Objeto por la emergencia del Tercero oculto.

La Estética de lo Performativo, por su parte, tiene por objeto de estudio, según Fischer-Lichte, el arte del rebasamiento de fronteras.

Ser parte del movimiento armonioso de la realidad sin perturbarla y sin imponer nuestro deseo de poder o de dominio, hacer teatro siguiendo el movimiento de la realidad, eso es lo que significa hacer Transteatro.

Una experiencia transteatral: Puentes invisibles

Puentes invisibles,[43] fue un evento transteatral que planteaba la necesidad de establecer contacto profundo con nosotros mismos, con el otro y con el mundo, se basó en el origen de *Citlalmina* danza que fusiona la tibetana de *El sombrero negro* con la ritual mexicana y que desde 1986 el Taller de Investigación Teatral (TIT) de la UNAM utiliza como entrenamiento psico-físico para actores y no actores. El texto, escrito por la dramaturga Deborah Templeton —quien ha estado ligada al TIT por más de 20 años— refiere a través de narraciones tradicionales tibetanas cómo surgió *Citlalmina*. El evento se desarrolló en dos etapas, primero un recorrido por el milenario bosque de Chapultepec en la ciudad de México invitando a los asistentes a la comunión con los árboles y, posteriormente, en un claro del bosque donde se desplegaba la historia y se llevaban a cabo una serie de acciones participativas creadas por los miembros del TIT.

Desarrollo del evento[44]

En el punto de reunión se invitaba a los asistentes a hacer un círculo con los transactores[45] Nicolás Núñez exponía brevemente las características del acto: se trataba de hacer un trabajo con *atención* y consciencia plena o *mindfulness*, de suspender la inercia de la horizontalidad en la que vivimos para tocar la Verticalidad. Se pedía a todos formar una serpiente, sin romperla a lo largo del recorrido por el bosque durante el cual se ejecutaban dinámicas de sensibilización y *aten-*

---

[43] Se llevó a cabo el 4, 5, 10, 11, 12, 17,18 y 19 de noviembre de 2016 en la Casa del Lago de la UNAM y Bosque de Chapultepec de la Ciudad de México con los miembros del Taller de Investigación Teatral de la UNAM: Nicolás Núñez, Helena Guardia, Melissa Corona, Arcelia Tinoco, Xavier Carlos, Jorge Flores, Juan Carlos León y como invitados Caroline Clay y Domingo Adame.
[44] Se incluye el texto completo en el apéndice.
[45] Este neologismo integra al concepto actor el prefijo "Trans" para indicar la diferencia entre actuar en el Teatro y el Transteatro.

ción guiadas por Helena Guardia, por ejemplo: contacto visual, respiraciones, desplazamientos de espaldas, percepción con las manos, entre otras.

Al llegar a un árbol determinado concluía la serpiente y se realizaba una primera acción en la cual Carolina Clay conectaba con sus raíces, Nicolás invitaba a descalzarse para sentir la tierra y a que cada uno buscara su propio árbol e hiciera contacto con él, pedía también estar atentos al toque de campana para congregarnos en un nuevo círculo. Una vez reunidos se solicitaba permiso a la madre tierra y al universo para celebrar el acto, se hacían 7 respiraciones profundas en comunidad. Posteriormente, con el sonido del Hompach (instrumento de aliento de origen maya) transactores y asistentes iniciábamos una caminata contemplativa en círculo y daba comienzo la semblanza del viaje del TIT al Tíbet. Al llegar al templo se narraba la historia de *La danza del mago del sombrero negro* creada por Padmasambhava, una danza para transmutar energías. A partir de ese encuentro con la danza se descubrían las coincidencias entre las culturas mexicana y tibetana: el maíz sagrado, las crisis e invasiones sufridas y la condición de *guerreros del espacio interior* de sus danzantes, fue por ello que Nicolás, en una visión, concibió a Citlalmina. Acto seguido se pasaba a referir la construcción del puente que se hizo realidad mediante la danza. Transactores y asistentes nos fundíamos jubilosos en un abrazo colectivo: existían el puente y Citlalmina de la cual todos ejecutábamos la parte mexicana y las transactrices la parte tibetana.

Una vez construido el puente entre culturas y entre danzas cada participante era dirigido a su propio corazón tal como el protagonista central en la historia había sido orientado por la evasiva figura de Citlalmina, la "flechadora de estrellas": "Arquero, tu blanco está aquí, profundo, en lo profundo de tu corazón", le decían. Finalmente los transactores nos dirigíamos a los asistentes y tocando su corazón les repetíamos esa frase, pidiéndoles cerrar sus ojos e invitándolos a moverse amablemente. Con la música de *El Huapango* de José Pablo

Moncayo[46] y con frases provenientes de W. B. Yeats, Rumi, Octavio Paz y William Shakespeare los transactores expresábamos el valor profundo de compartir la existencia: "Amigos míos, al encontrarnos en el puente de esta vida, dejemos que nuestro corazón se abra al romperse; permitan que su alma inocente se acerque tímida al mundo y se adentre en el bosque de la vida".

Nicolás pedía a los asistentes permanecer con los ojos cerrados hasta escuchar el sonido de la campana y concluía diciendo: "El resto es silencio".

Los transactores nos retirábamos, sonaba la campana y al abrir sus ojos los asistentes se encontraban solos en el bosque. Ya no había historia que contar, ni representación que presenciar, solo existía el cúmulo de impresiones recibidas. Por eso en el programa de mano Deborah Middleton apuntó: "en cualquier proceso espiritual existe una paradoja: estamos interconectados y estamos solos; necesitamos la fraternidad de los otros y, sin embargo, debemos cruzar solos nuestro puente interior".

Varias historias fueron intercaladas en el texto de *Puentes*, y varios puentes se construyeron —algunos literalmente y otros de manera figurada—. En última instancia, el Puente invisible que los asistentes eran invitados a cruzar representaba un gesto introspectivo en el contexto del encuentro con otros.

Al final, nuevamente, todos nos uníamos en círculo y agradecíamos por la experiencia compartida.

Lo transdisciplinario en Puentes invisibles

Quienes participamos en *Puentes invisibles* hicimos nuestra la premisa de conectar con nuestra *Verticalidad cósmica y consciente*, esto significó tener la disposición para transitar simultáneamente por diferentes niveles de realidad, o sea que asumimos nuestra condición

---

[46] Músico mexicano, nació en Guadalajara en 1912 y murió en la ciudad de México en 1958. *Huapango* es considerada su obra más representativa por conectar con la raíz de lo mexicano.

bio-psíquica como individuos trabajando colectivamente en un espacio que nos conectaba con nuestra pertenencia a un ámbito sociocultural: México y sus antecedentes prehispánicos —el Bosque de Chapultepec— y con la intención de vincularnos —en el nivel planetario— con otro espacio: el Tíbet. El evento se desarrolló, además, en conexión con la tierra, con los árboles y con las estrellas, es decir en un nivel cósmico. Esta *Verticalidad* posibilitó superar la separación entre nuestro Ser-Sujeto que percibía, con la realidad plástica del Objeto con el que estábamos en relación.

Éramos personas unidas por la urgencia individual y colectiva de conectarnos a través del Tercero oculto con lo Real, o sea con lo que siempre ha estado ahí y es velado para siempre. Para ello nos retroalimentamos mutuamente de energía y creatividad.

En cuanto a la lógica del Tercero incluido, estábamos conscientes de que éramos, a la par, actores y no actores, más bien transactores. La complejidad residía en establecer relaciones dialógicas, recursivas y hologramáticas (Morin 2003a) para unificar los niveles de realidad. En *Puentes invisibles* se daba un diálogo abierto entre lenguajes, acciones y realidades; había una circularidad de causa-efecto-causa y así como nos reconocíamos formando parte del universo el universo estaba en nosotros.

Puentes invisibles y el Transteatro

Puentes invisibles consistió en un conjunto de acciones gestionadas por sujetos con una organización auto-poética que estaba más allá de las reglas y convenciones del teatro y del performance. La calidad se buscó en la simpleza y humildad centrada en lo trascendente y significante, en términos sagrados.

Puentes invisibles fue un acto que propició el *acontecimiento* abierto a la incertidumbre, donde todos participamos de la creatividad transformadora.

Se exploró una nueva convivencia y para alcanzarla afirmamos nuestra pertenencia a una cultura, con apertura a otras —además de la relación que se planteaba entre México y el Tíbet, una de las participantes era inglesa y en sus intervenciones utilizó su lengua materna—. Se fomentó la ética de la diversidad y de la comprensión en una intercambio dialógico entre lo local y lo planetario pero, principalmente, como un acto de religación con el prójimo, con la comunidad, con la sociedad, con la madre tierra y con el cosmos.

Se utilizaron los recursos escénicos y mitológicos de nuestra propia cultura y de aquellas con las que dialogamos (espaciales, actorales, musicales, dancísticos; como también míticos, leyendas y tradiciones).

Se trascendió la dualidad artista-espectador que convierte a la inmensa mayoría de los humanos en receptores pasivos de los procesos de transformación y participación del acto estético. Al igual que el análisis de Fischer-Lichte del *acontecimiento* performativo y en correspondencia con el imperativo de la transdisciplinariedad, *Puentes* transformó la relación entre el Sujeto y el Objeto haciendo del espectador un participante que intervenía en la creación del evento artístico. La historia de Citlalmina era narrada por un grupo de transactores, pero el significado del acto se transmitía por acciones en las cuales los asistentes intervenían completamente.

En cuanto transactores, asumimos sin protagonismos nuestra actitud profesional en el cumplimiento de nuestra tarea sin ninguna simulación, sin fingir.

Se hacía de cada presentación una celebración de carácter lúdico-festivo —como un medio para conjurar los actos que intentan destruir el convivio comunitario— mediante acciones de reencantamiento que buscaban contribuir al conocimiento, preservación y regeneración de las más valiosas tradiciones como expresión de la humana condición. Lo comunitario otorgaba cohesión y sentido a nuestro evento.

Estaba descartado hacer un culto a lo nacional o a lo global, pues nos reconocemos miembros de la sociedad-mundo donde se perciben tanto las diferencias como las semejanzas. Se trascendían las contradicciones, que son la correlación dinámica de tres fuerzas independientes presentes simultáneamente en cada proceso de realidad: una fuerza afirmativa, una fuerza negativa y una fuerza conciliatoria, pues la realidad tiene una estructura dinámica ternaria, trialéctica (Nicolescu 2011a, 22-23).

Se propició la armonía entre las energías femenina de la afectividad y la masculina de la efectividad. Al establecerse el puente entre afectividad y efectividad a través de la energía, el movimiento y las interrelaciones, nosotros, en tanto humanos, tuvimos oportunidad de vivir la Cosmodernidad.

Hoy que la hiper-prosa procura imponerse en el mundo, donde predomina el modo de vida monetarizado, cronometrado, parcelizado, compartimentado y atomizado es necesario favorecer el estado poético. Esto último, antes que suponer la desaparición de lo prosaico consiste en un giro para que la *atención* y la emoción estén por encima de lo mecánico y lo insensible. Sentir la naturaleza, sentir al otro, sentir al cosmos: a eso aspira el Transteatro dentro del cual se sitúa *Puentes invisibles*.

Comentario final

Los transactores del Transteatro deben permitir que las cosas sucedan, hacer un *vacío-lleno* para conectarse con la energía cósmica y desarrollar su *atención* para estar siempre presentes.

El Transteatro es el centro generador del convivio, la existencia de interconexiones sutiles y universales entre todos los eventos y niveles de organización de la realidad son perfectamente compatibles con la visión sagrada que la filosofía perene de los pueblos propuso desde hace milenios.

En suma el Transteatro es el espacio de encuentro y de convivio de visiones transestéticas, transpolíticas, transculturales y transespirituales que promueve nuevas creaciones para reconectarnos con el cosmos.

Puentes invisibles
(Texto escénico)

Puentes invisibles estrenada en el Bosque de Chapultepec, Ciudad de México, en Noviembre de 2016. Dirección de Nicolás Núñez, basada en una versión abreviada de *Invisible Bridges* de Deborah Templeton, en una traducción de Helena Guardia e incorporando un breve texto de la actriz Caroline Clay.

I. Instrucciones iniciales
Nicolás Núñez:

¿Hacemos círculo, por favor? Terminamos de llegar. Terminar de llegar significa respirar profundo y darnos cuenta de que ya hicimos el esfuerzo de poner nuestro cuerpo aquí, en el Bosque sagrado de Chapultepec para involucrarnos en este trabajo; así como hice ese esfuerzo, me comprometo a estar atento, alerta, con la mente despierta, durante el tiempo que dure el trabajo. Eso es terminar de llegar.

Gracias por estar aquí. Bienvenidos al Taller de Investigación Teatral de la Universidad Nacional Autónoma de México que aquí, en la Casa del Lago, tiene más de cuarenta años de haber sido fundado.

Ahora, en el 2016, les vamos a compartir nuestro último trabajo. Por favor, identifiquen a los miembros de nuestra pandilla por la pañoleta roja que traen amarrada en su muñeca izquierda. Hagan lo que nosotros hacemos y sigan nuestras instrucciones.

Puentes invisibles no es una obra de teatro convencional. Es un campo de fricción en el bosque, para ayudarnos, entre todos, a realizar lo más importante que, a nuestro juicio, tiene cualquier acto creativo: ayudarnos a despertar.

Pocas veces enfocamos nuestra atención de manera vertical, es decir, hacia nuestras raíces, hacia el perfume que gestionamos cuando miramos a nuestro interior, en el aquí y el ahora: ¿quién soy, dónde estoy, a dónde voy?

Para abrir umbrales tenemos que desprogramarnos, romper la inercia de la atención horizontal. Para eso les pedimos que esta caminata la convirtamos en una an-*danza*.

Ahora nos vamos a voltear hacia nuestra derecha y vamos a hacer una serpiente. Helena es la cabeza y yo soy la cola. Comenzamos lento, sin romper la serpiente. Ojo, caminando hacia atrás, volteando, por favor, tanto a la derecha como a la izquierda; desprogramándonos, elastizando nuestra percepción.

Nos dice Antonin Artaud que 'la verdadera cultura hace brotar la vida'. Pretendemos que nuestros 'Puentes invisibles' vayan en esa dirección. El trabajo nos pide que abramos nuestra percepción del mundo a nuestro alrededor, y del mundo hacia nuestro interior; no se trata de simular que lo abrimos sino, con honestidad, intentar cruzar umbrales, estar atentos aquí y ahora.

En la vida cotidiana nuestra atención está enfocada casi exclusivamente de manera horizontal. Nuestro objetivo está siempre fuera de nosotros; el dinero, la fama, el éxito…tengo que moverme hacia fuera para conseguirlos; pensamos que la realidad va a tener más sentido, más peso, más calidez cuando lo compremos, lo consigamos; todo está allá, en el futuro, fuera de mí.

Caminando de espaldas, en serpiente; salimos de Casa del Lago y avanzamos hasta el circuito principal, confrontando los impactos bulliciosos del mundo horizontal: los puestos, los pregones, la vendimia. Ahí, con un giro, la caminata de espaldas se convierte en un amable trote de frente y salimos del circuito principal para entrar a un circuito interior que nos lleva a un inesperado puente donde se realiza el primer ejercicio de contemplación frente al agua.

Nicolás Núñez: Manos limpias, mente limpia, inocente, para entrar al bosque.

Helena gira levantando sus brazos y se introduce al bosque: caminata lenta, a veces girando, a veces ondulando, trotando y serpenteando entre los árboles; con las manos buscando abrir campos de percepción; contactando y sensibilizándonos con el bosque, hasta llegar a un gran árbol con el cual se establece contacto. De ahí continuamos hasta llegar a otro árbol cuyas raíces especiales son el escenario de la primera escena:

II. My tree/my roots Mi árbol/Mis raíces
de Caroline Clay

Caroline Clay:
You know why I am here? Down here?
You are not my silver birch or my copper beech but this ground smells good – like home
Your drying leaves and mulch and roots taste right
Buried here as wild wood and tangled darkness
We are the same
Beneath, we connect with love and roots

- ¿Saben por qué estoy aquí? ¿Aquí abajo?
Estos no son mis abedules plateados, ni mis hayas cobrizas…como en casa
La hojarasca y las raíces húmedas saben bien
Aquí abajo, en lo profundo del bosque salvaje de intrincada oscuridad,
Somos lo mismo
En lo profundo de nuestras raíces, estamos conectados por el amor
Nicolás Núñez: Raíces, raíces. Quien lo desee se descalza.

Cada asistente busca y encuentra su árbol; ejercicio personal de conectar sus raíces. Después de unos minutos suena la campana tres veces. Nos reunimos en silencio, formando un círculo. Pedimos permiso a la Madre Tierra, tocándola con la frente. Nos levantamos y hacemos siete ciclos Ujjayi Pranayama.

III. *PUENTES INVISIBLES*

El Buscador

- Recorrí los cuatro rumbos y los siete mares, y en mil riberas contemplé las 10,000 cosas. Penetré profundo el interior oscuro de lejanas tierras y ascendí, con el aliento sofocado, a lugares sagrados en las cimas más altas de este orbe.

Y traigo una historia para contar; una historia de puentes y de danzas; de cosas buscadas y cosas encontradas.

Comenzamos hace mucho tiempo cuando yo era un hombre joven que viajaba con su pandilla vagabunda.

- Yo era joven pero, en esas alturas lejanas, mi respiración era la de un hombre viejo ascendiendo hasta el techo del mundo;

- descoloridos, los estandartes de oración ondeaban contra un brillante cielo azul, como una piedra preciosa, y las montañas se encumbraban hasta el cielo.

- Cada paso era el paso del anciano que soy hoy, jalando el aire, enfisémico, caminando lento como los monjes de los valles cuando circunambulan las estupas.

- Los estandartes de oración ondeaban latigueando, rasgados por el viento, meciéndose a través de laderas inclinadas en una bendición evanescente,

- más profunda su belleza mientras más palidecían bajo la lluvia, sus colores aspirados por la boca de los gélidos vientos que desde las montañas nevadas embestían inclementes.

- Nosotros veníamos de una tierra de montañas sagradas, de maíz y de mezcal, cruzando a través de 15,000 kilómetros, buscando, olfateando, intuyendo, estudiando.

- Los que saben nos dijeron que en el techo del mundo la ciudad de las nieves sostenía un espejo que reflejaba *nuestro* mundo, nuestra tierra roja y nuestros ríos de lava candente.

- Traíamos granos de maíz en los bolsillos y caracoles del mar color maguey en nuestras manos.

- Llegamos con la danza de nuestros ancestros vibrando en nuestra sangre, su ritmo en nuestros pies.

- Y en los atrios de los templos nos encontramos con la *Danza del Sombrero Negro, la Danza del Mago* [*Suena trompeta de fémur humano*].

- El sonido de las trompetas de fémur estremeció nuestros huesos, mientras los lamas giraban en ese elevado aire enrarecido. Ellos también traían granos de maíz en sus bolsillos, y, en sus manos, cada uno sostenía una calavera desnuda; su pareja en la danza era este ego de cuencas vacías.

- Se escuchó el sonido repentino y dulce de las campanas, invitando a congregarse y atendimos su llamado [*suena la campana tres veces*], entramos... [*todos entramos a un círculo más íntimo: los espectadores se sientan*].

Tres Danzas

Narrador:

- Hace mucho tiempo, en el antiguo Tíbet, los magos negros sabían cómo danzar para obtener poder; las energías de la tierra estaban en sus manos y con sus pies trazaban oscuros mandalas. Sus danzas eran como una maquinaria para convocar y someter a su mandato a las fuerzas de la naturaleza. Podían cambiar el clima o ensombrecer la vida en las ojeras de un hombre, podían hacer fracasar las cosechas y fortalecer a los hombres malvados.

- Pero más poderoso aún que todos ellos era Padmasambhava, el santo que llegó al Tíbet radiante de la India, para enderezar sus corazones.

- Él les dio a sus artificios un mejor propósito y afinó el motor de la energía. Integró a su cuerpo de yogui los mudras y los mandalas, y dejó que su saber profundo rectificara el curso de los campos energéticos de los huesos y la sangre.

- Desde el oscuro caos de perversiones corrigió el intento y creó la coreografía para una nueva danza: *la Danza del Mago del Sombrero Negro*, un instrumento para transmutar las energías.

- Porque nuestra oscuridad interior siempre puede convertirse en luz.

- Así fue cómo la danza de los magos negros se convirtió en la danza del resplandeciente santo; una bendición en movimiento, una gracia que surgió desde la médula.

- Y con esta nueva danza los danzantes ahora bendecían el espacio, exorcizaban demonios, atraían la buena fortuna y construían puentes visibles e invisibles.

- Dicen los que saben que México y el Tíbet son dos civilizaciones que recorren un mismo sendero; ellas comparten un regalo divino: el maíz sagrado. En el pasado, también, ambas recibieron los augurios de una crisis que se aproximaba –invasión, colonización– una crisis que los obligaría a penetrar profundo en su quehacer de guerreros, guerreros del espacio interior.

- ¡Somos guerreros *danzantes*! Tenemos la danza de los cuatro rumbos y de los cuatro elementos.

Contigo (*al Narrador*) compartimos una conexión secreta. Nuestras culturas están conectadas por lazos energéticos que corren muy profundo por debajo de la afligida tierra. Son como las raíces, los rizomas de dos árboles gigantescos y ancestrales entrelazados en algún punto invisible en la consciencia.

Anciano:
- Yo era un hombre joven cuando, con el paso y la respiración de un viejo como el que soy ahora, me acerqué jadeante al techo del mundo; esa mítica ciudad entre las nubes.

Buscaba, haciendo girar mi molino de oración, atraído por la pasión de viajar y un anhelo de sabiduría, realizar el sueño de un hombre joven.

Y ahí fue donde la encontré a ella, retoño, mitad verde visión-mitad poema, de piernas largas y un claro resplandor en su firme y serena mirada, flechando estrellas.

La Historia del Puente

Narrador:
- Había una vez, en lo alto de las montañas, dos aldeas separadas por un abismo traicionero. Cada aldea se aferraba a su ladera, y los aldeanos, antes de que sus niños aprendieran a moverse en un mundo peligroso, los amarraban a los postes para que no resbalaran al abismo.
Infranqueable, en lo profundo del áspero desfiladero, corría violento el río, arrancando y aventando piedras.
- Los aldeanos miraban a sus inasibles vecinos al otro lado del abismo.
- Si tan solo pudieran cerrar la enorme brecha, salvar la distancia;
- Si tan solo el anhelo que cada noche aparecía en sus sueños pudiera remontar el vuelo, alcanzar y tocar el otro corazón sediento.
- En momentos de quietud, los artistas de cada lado se sentaban a mirar, a imaginar un puente invisible formando un arco elevado por encima de la deslealtad de la separación.
- Y en instantes eternos e insondables, los monjes meditaban para volver visible el invisible puente, para manifestar lo que los corazones anhelaban.
- Fue entonces cuando apareció el santo, al maestro – el lama buscador, chamán, artista de las energías – que les enseñó cómo construir el puente.
- ¡El medio era la danza!
- Y danzando la danza del santo Padmasambhava, sus discípulas pudieron reunir la fortuna necesaria para construir el puente... [*acción psicofísica que construye el puente*].

- Fue así como la danza construyó el puente, y el puente conectó a las dos aldeas, haciendo desaparecer la soledad [*asistentes y transactores hacen un círculo*].

- Por la noche, los amantes corrían a encontrarse sobre el puente, suspendido a gran altura sobre el estrepitoso río de la vida cotidiana. Redimidos por el amor, resonaban con la bóveda celeste. En la arcada del corazón, sobre el sendero horizontal, en un vértigo de anhelo y pertenencia, tocaban la dimensión vertical... ¡Y el cielo lo festejaba con estrellas fugaces!

México – Tíbet

Anciano:
- Mi pandilla solar y yo, vagabundos, nos convertimos en el puente vivo que une a dos culturas, a dos danzas: la etérea ascensión espiritual de la meditativa mente tibetana y el profundo arraigo terrenal de la danza sagrada mexicana. Son dos y es una: danzas guerreras, la forma en que se limpia y canaliza la energía, un medio para conectar la Fuente omnipresente.

Nosotros enlazamos estas dos tradiciones en un sutil matrimonio de sacralidad secular, dando a luz a *Citlalmina*, quien nos ata a las estrellas.

Cazadora

Citlalmina:
- Mi nombre es Citlalmina, flechadora de estrellas;
- pero en realidad no flecho, hechizo:
- con los hilos de seda de mis flechas engarzo materia estelar, urdiendo con hilos dorados el tejido de los mundos, los puentes invisibles que recorren nuestras vidas.
- Mis flechas, veloces, cantan en el espacio, bordando la red de Indra, centelleante de rocío.
- Lazos invisibles nos conectan en círculos, construyendo un dosel, el domo de una catedral, la carpa del circo;

— la matriz de interconexiones formando un mandala de estrellas donde la danza se danza a sí misma.

El Blanco

Anciano:
- Pensé, creí que había sido por ella por lo que emprendí el penoso ascenso, la razón por la cual recorrí diez mil kilómetros buscando a mi consorte en ocultas cuevas y en los cantos de los templos. Pensé que ahí residía el blanco, ahí, ahí, mi vida saltando por delante mío, como un ciervo asustado; mi sueño girando en el profundo espacio y yo, buscándola, a ella, mi única luz, mi cósmica llama incandescente, la única en toda la aterradora y vasta soledad del Universo.
- Pensé que era por ella por lo que estudié afanosamente los textos en pali, en sánscrito y en náhuatl, los glifos y las runas.
- Amada mía, te busqué con avidez y te encontré; te hubiera seguido a cualquier parte.

Levanté mi arco tembloroso y clamé, mantuve firmes mis ojos suplicantes; vi mi constelación de estrellas recortada contra el abismo doloroso y, a la luz de la luna, vi el contorno de las astas del venado; coloqué mi arco y disparé.

Citlalminas:
- Arquero, tu blanco está *aquí, aquí.*
- 'Profundo en lo profundo del corazón'*. En lo secreto de tu corazón perdido, la flecha penetra y el portal se abre, tus puertas se abren de par en par.

Anciano:
- Sosteniendo en mis manos mi propia calavera... la sanación del ser total está aquí, en la danza de mi propio corazón. El corazón vuelca hacia atrás y se despeña en el gran vacío.

Axis Mundi

- La tierra es tibia bajo tus pies.

[*Solo de trompeta: Huapango, de José Pablo Moncayo*]

- Eres un árbol, tus raíces penetran profundo a lugares secretos y oscuros, ciñendo piedras y tesoros escondidos.

- El planeta entero te sostiene por los pies. Tus ramas extendidas abrazan al cielo.

- Los pájaros llegan a descansar en tus manos y anidan en tu corazón. Eres un 'árbol danzante'* que cierra la distancia entre los mundos.

- Nos necesitamos para dar en el blanco. No podemos danzar solos.

- Nos necesitamos para dar en el blanco. No podemos danzar solos.

- Prepara tu arco: constante tu mirada en el deseo de tu corazón.

- Intento total.

- Tú eres el blanco de tu propia flecha, y cuando aciertas en tu propio corazón, vuelas.

[*Solo de trompeta: Huapango*]

[*Silencio*]

- Detente en la eternidad del instante. Déjate estar, descansa en la dulzura de tu Alma. '¿Qué más puede desear un ser humano?'*

[*Silencio*]

- Amigos míos, al encontrarnos en el puente de la vida, dejemos que nuestro corazón se abra al romperse; permitan que su Alma inocente se acerque tímida al mundo y se adentre en el bosque de la vida.

Silencio.

- Cuando escuchen la campana, abran sus ojos. 'El resto es silencio'*.

* * * * *

Todos los transactores nos retiramos. Los asistentes se quedan solos. Suena la campana tres veces, abren los ojos y descubren que no hay transactores. Lentamente aparecemos entre los árboles, regresando al círculo. Nos tomamos de las manos, nos miramos a los ojos. Se cierra el trabajo dando las gracias al Bosque sagrado de Chapultepec y a la Madre Tierra por habernos permitido realizar y compartir esta experiencia de contacto con la Verticalidad Cósmica.

* Textos provenientes de W.B. Yeats, Octavio Paz, Rumi y Shakespeare respectivamente.

Teatro de los Puentes

A parir de los principios del Transteatro e inspirados en el Teatro de las Fuentes de Jerzy Grotowski y por la reciente co-creación de *Puentes Invisibles* (2016), Domingo Adame y Nicolás Núñez proponemos llevar a cabo eventos transteatrales bajo el nombre de **Teatro de los Puentes** buscando crear conexiones entre puntos culturales de contacto y puntos espirituales de experiencia,[47] una posibilidad en el campo de las múltiples relaciones correspondientes a la Cosmodernidad, tal como la plantea Basarab Nicolescu.

---

[47] En junio de 2017 un equipo creativo integrado por dos miembros de la Universidad de Huddersfield (UK): Débora Midletton y Caroline Clay, Nicolás Núñez de la UNAM y Domingo Adame de la Universidad Veracruzana realizamos una experiencia diseñada para regiones donde la conservación de los bosques tiene un sentido ético y político. El proyecto tuvo como base la comunidad indígena Khuna de Armila en la comarca de Guna Yala, Panamá. Entre los kuna se vive armoniosamente una relación entre humanos y naturaleza sin frontera que los separe. El equipo trabajó en Armila haciendo contacto no invasivo con los árboles y observando la relación de los Khuna con la naturaleza. El proceso estuvo basado en la práctica contemplativa en relación con el entorno natural, y generó el evento performático, *El ensueño de los árboles*, dirigido a sensibilizar sobre el cuidado del medio ambiente, así como a respetar los ciclos y patrones de la naturaleza. El resultado se compartió en el Bosque de Chapultepec de la Ciudad de México del 6 al 8 de julio de 2017.

I.   El *Teatro de los Puentes* y el Nuevo nacimiento del Teatro

Dos preguntas han dado origen a esta propuesta: ¿la manera de hacer teatro hoy es válida para permitir nuestra transformación en tanto sujetos plenamente humanos, no solamente en escena, sino fuera y dentro de todos los juegos de roles sociales? y ¿Cuál es el papel y el lugar del teatro en sociedades locales y globales transgredidas, fragmentadas y en guerras devastadoras?

Creemos que es necesario restituir al teatro su dimensión sagrada, comunitaria y humana lo cual implica aprender a realizar acciones cuyo objetivo sea contribuir a una existencia digna, aprender a conocer y a compartir valores comunes para una integración solidaria y comprensiva. Dicho de otro modo: aprender a vivir con sentido *transdimensional* donde se conjuguen lo cognitivo, lo poético y lo ético.

De la Premodernidad a la Cosmodernidad

En el mundo premoderno el sujeto vivía sumergido en el objeto, se hallaba en el "mundo encantado". La realidad *predisciplinaria* tenía como manifestación la *ritualidad;* en el mundo moderno se da la separación total entre sujeto y objeto, se vive una realidad *disciplinaria*. Es un mundo desencantado que despliega la *Teatralidad;* mientras que en la posmodernidad el Sujeto predomina sobre el Objeto, el mundo se virtualiza y la realidad postdisciplinaria tiene como signo la Performatividad. Finalmente la naciente era transdisciplinaria es *cosmoderna* (Nicolescu 2014) ya que el Sujeto y el Objeto están unidos por el Tercero oculto propiciando el *reencantamiento del mundo*, se vive la realidad transdisciplinaria que hace emerger el Transteatro.

La era *cosmoderna* se funda en la interacción entre ciencia, cultura, espiritualidad, religión y socidad (2014). Se trata de ir más allá de todo lo conocido para romper el círculo vicioso en el que hemos vivido por milenios. Esta posibilidad la puede ofrecer el Transteatro, el cual deberá tener una energía capaz de transformar todo aquello que destruye y deshumaniza en una fuerza benéfica que humanice y construya. Para ello tendrá que ser transresiliente ya que además de permitir superar situaciones dolorosas y crueles, al comprenderlas —por más incomprensibles que sean— hará posible colocarse más allá del estado de origen. En esto se observa una coincidencia con la epistemología de la complejidad planteada por Edgar Morin, quien confía en el advenimiento de la "civilización planetaria" (1993).

La Cosmodernidad propone una nueva convivencia, muy diferente a aquella que fomenta la homogeneización en los patrones de vida y de la cual el agente cultural son los mass-media, especialmente la televisión.

Cosmodernidad significa que toda entidad en el universo se define por su relación con las otras entidades. Esto posibilita la emergencia del Tercero oculto, ausente en las etapas: premoderna, moderna y posmoderna. Por lo tanto el imperativo ético de nuestra era es la unión entre todos y con todo (Nicolescu 2014, 213).

Así, en su acontecer histórico, el teatro muestra como se fue alejando de la eficacia del rito para devenir diversión y exposición de conflictos emocionales o intelectuales. Es la historia de la caída de lo sagrado hacia lo profano: del contacto con la *energía pura* a la conversión de esa energía en deidad y de allí a la personificación del héroe de la cultura épica, y cuando este héroe se convierte en un ser humano deja de realizar hazañas extraordinarias para transformarlas en conflictos emocionales o ideológicos, con rango "teatral".

El giro performativo

Erika Fischer-Lichte llamó el *giro performativo* (2011, 80) al cambio ocurrido con la forma tradicional de representación teatral. Surgieron así nuevos conceptos y otros se actualizaron como postteatro, happening, performance o arte acción, danza-teatro, espectáculo, arte escénico, artes de la representación, arte electrónico, arte transgénico y ciberteatro. Esto puede verse como un síntoma de la necesidad de abrir el campo del concepto más allá de sus límites disciplinarios a fin de incluir, efectivamente, todo tipo de práctica escénica vinculada con los desarrollos culturales, científicos y tecnológicos, y no exclusivamente la entronizada por el teatro burgués del siglo XIX.

Los límites que el concepto *teatro* impuso a una práctica de suyo ilimitada obedecen a una visión rígida y lineal de organizar el conocimiento. La nueva epistemología teatral basada en la transdisciplinariedad integra los aportes de las nuevas ciencias del espectáculo así como todos los saberes que ayudan a comprender, sentir, relacionar y en suma a vivir renovada y unificadamente la experiencia de las actuaciones humanas.

A lo largo del siglo XX se habló en exceso del *Nuevo teatro* —para distinguirlo del *Viejo Teatro*, el del "pasado"—, pero siguió manteniendo los mismos principios con distinta forma, se hablaba de cambiar "para que todo siguiera igual". Por eso el Transteatro más que un *Nuevo teatro* es un *Nuevo nacimiento del teatro*, el cual solo será posible a partir de un *Nuevo nacimiento del Sujeto*. Es decir, se trata de una auténtica revolución de la consciencia.

Del Sujeto al Trans-Sujeto

La noción de Sujeto desde la visión disciplinaria fomentó el individualismo y la competitividad, por ello ante la crisis civilizatoria es necesario revisarla con la finalidad de incorporar otros niveles de comprensión de la realidad y otras formas de relación.

Solo mediante una investigación personal permanente que involucre mente, corazón y cuerpo, así como el contacto con todo lo que existe podremos prepararnos para nacer de nuevo y contactar con lo sagrado.

Para ello se requiere un reaprendizaje que nos permita alcanzar la dimensión de Trans-Sujetos: este es el camino que deseamos *andanzar* quienes hacemos esta propuesta.

Estamos en el universo y somos universo.

Deseamos tender todos los puentes necesarios para lograr una convivencia honesta y profunda con todo lo viviente, con la Madre Tierra y con el Cosmos; vivir en una comunidad planetaria arraigada en los principios de los pueblos originarios y hacer que el teatro siga siendo una vía de conocimiento y crecimiento humano

Entender esta identidad terrena y cósmica no solo constituye una sanidad individual, sino familiar, social y espiritual lo que significa reconocer al teatro como una fuerza de interacción con el universo. Entenderla así es honrar, por una parte, el linaje teatral que nos heredaron, entre otros, Zeami, Stanislavski, Meyerhold, Artaud, Brecht, Grotowski, Brook, Valencia y, por otra, el linaje del conocimiento profundo iluminado por seres como Gurdjieff, Krisnhamurti, Edgar Morin, Basarab Nicolescu, Lee Worley y Antonio Gómez Yepes entre otros.

El Teatro de los Puentes es el *Teatro de la civilización planetaria* cuyos propósitos son: sentir el planeta, sentir a la humanidad, sentirse responsable del destino planetario y expresar cualquier forma de deshumanización.

III. Del Teatro de las Fuentes al *Teatro de los Puentes*

El teatro, en sus orígenes, era un contacto directo con *La Fuente*. Diferentes formas fueron creadas para tener acceso y para manifestar *La Fuente*.

Con el tiempo, las formas se hicieron más importantes que el contenido. El contacto con la Fuente se fue debilitando por una fuerte y rígida ortodoxia, perdiendo su capacidad para proveernos del embriagador elixir de vida.

La Fuente fue olvidada completamente y nos perdimos en un carrusel de formas huecas, llenando bibliotecas con teorías inteligentes.

Jerzy Grotowski se propuso investigar entre 1976 y 1982 la fuente de los ritos tradicionales —técnicas performativas codificadas—— y llegar a la posible base original comunitaria. Entrar en contacto con las raíces propias, encontrarse a uno mismo y encontrar al otro, entrar en contacto con el ambiente, trascender condicionamientos rutinarios de comportamiento y des-automatizar la percepción. No se planteaba "el regreso arqueológico a nuestros orígenes, sino el re-contacto con nuestra vitalidad esencial, para poder inventar los juegos que necesita nuestro espíritu, para poder madurar nuestra condición de seres humanos, corrigiendo nuestros errores y algún día celebrar la desaparición del miedo condicionado" (Núñez 1987, 86-87).

La Fuente se entendía como el punto de *atención* interno que permitía aparecer el *aquí y ahora* de modo contundente, sin dispersión, y en ese instante vivo poder visualizar el *como si* de Stanislavski que permite tocar y transformar la realidad, gestionar un campo de realidad a voluntad, es decir, actuar. Ese es un mecanismo cuántico.

IV. ¿Por qué es necesario y a quién sirve el *Teatro de los Puentes*?

Por la inminencia de la autodestrucción de la humanidad en caso de conservar la manera de comportarnos con nosotros mismos, con los otros, con el planeta y con el cosmos. Para evitar la manipulación de consciencias, la destrucción espiritual, las cegueras y el desprecio por la vida.

Tenemos que preguntarnos auténticamente a quién queremos servir: ¿A la industria del espectáculo? ¿Al teatro de ideas, psicológico, ideológico? ¿O al quehacer de la naturaleza, que nos utiliza para reconocerse y celebrarse a si misma?

A través del *Teatro de los Puentes* deseamos ser instrumento del fantástico canto interestelar, el cual nos hace tomar consciencia de que, además de nuestro nombre y apellido, con certidumbre, también pulsan en nosotros los filamentos que nos unen a las estrellas. Ese linaje cósmico es el corazón del teatro en sus orígenes, el cual es difícil de detectar en la actualidad porque el teatro contemporáneo se encuentra, en su mayoría, saturado de discursos huecos e imágenes superfluas que no conducen a una saludable reconexión con la realidad una y múltiple.

V.   El gran puente: *El Tercero oculto*

El gran puente entre Sujeto y Objeto es el Tercero oculto que atraviesa niveles de realidad y se abre a múltiples interdependencias hasta tocar lo sagrado donde todo fluye, donde todo es tránsito, luz, energía, amor: puente no horizontal, sino vertical; puente como Gran Escalera, escalera que transporta y transforma, como la de Jacob.

La transdisciplinariedad al unir Sujeto, Objeto y Tercero oculto considera lo *sagrado* como parte de una nueva forma de ser, donde la razón también está incluida.

Entre inhalación y expiración se abre el espacio al Tercero oculto, un término de interacción entre el Sujeto y el Objeto.

El Tercero oculto restaura la continuidad por la percepción y la respiración. Entre ellos hacemos un vacío que, como el vacío cuántico, es un vacío lleno (como en la concepción de Peter Brook del *Espacio vacío*: entre una expresión y otra, entre una palabra y otra, entre una acción y otra y entre actor y público hay un *vacío lleno*).

El Tercero oculto es esencial pues al unir los niveles espiritual, psíquico, biológico y físico del Sujeto con los niveles de realidad del Objeto presentes en la naturaleza y en la sociedad, el conocimiento se transforma en comprensión, o sea, la fusión del *conocer* y el *ser*. Para ello la herramienta principal de la que disponemos es la *atención*: "la *atención* es la espada que rasga el velo de la ignorancia y la ilusión" (sentencia budista), una consciencia profunda que va más allá de la razón y nos permite acceder a la sabiduría de la intuición.

Es mediante el *Tercero oculto* que se puede propiciar la comprensión entre lenguajes y culturas. Lo que hay entre las palabras es el silencio. Somos incapaces de comprendernos entre individuos cuando solo vemos lo que nos separa y no lo que nos une.

Entre los niveles de información del objeto y los niveles de consciencia del sujeto el *Teatro de los Puentes* hace emerger al Tercero oculto

VI.   Niveles de realidad y Verticalidad cósmica y consciente

Habrá que disponernos a nacer de nuevo poniendo fin a un estado de organización bio-antropo-social para ceder paso a otro. Salir de la cárcel de una percepción parcial de la realidad y trabajarnos individualmente para alcanzar la libertad de una percepción/puente. Esto es lo que puede otorgarnos otra "calidad" la cual solo se alcanza trabajando para vivir la vida en diferentes niveles de realidad, de esa manera se pueden "suspender" los prejuicios y construir verdaderos puentes, verdaderos diálogos.

La formulación de Nicolescu hace posible el libre tránsito por los diferentes niveles de realidad —el social, individual, geográfico e histórico, así como el planetario y cósmico (2009b, 52)—. Este tránsito entre niveles es expresado como 'Verticalidad cósmica y consciente' (2009a, 45), y esta Verticalidad definen la *actitud transdisciplinaria* con su característica de rigor, apertura y tolerancia. Con el movimiento vertical entre los niveles de realidad se suspende la inercia del plano horizontal de la vida diaria, y los binarismos de un nivel de realidad son disueltos en la multiplicidad.

La Verticalidad aparece entonces como un fenómeno de energía que revela los momentos en los cuales uno se mueve o es movido de una experiencia cotidiana a una extra-cotidiana. En su reflexión sobre el Parateatro y el Teatro de Fuentes, Grotowski comparaba el plano horizontal "con impulsos vitales, frecuentemente corpóreos e instintivos" (121). Grotowski vio el predominio del "elemento vital" como un bloque sobre el plano horizontal que "no permite pasar en la acción por encima de ese plano" (121). Su "Arte como Vehículo" continuó la investigación que motivó el Teatro de Fuentes, pero él decía claramente, "el Arte como vehículo no está orientado a lo largo del mismo eje, el trabajo trata de ir consciente y deliberadamente por encima del plano horizontal (...) y este camino se ha convertido en la cuestión principal: Verticalidad" (121).

Para Grotowski, la Verticalidad requiere tanto activación energética del cuerpo y la mente como una consciencia que cambia de lo verbal e interpretativo a una consciencia vinculada a la presencia. La energía combinada con una calidad de *mindfulness*, por la cual aquí entendemos la apertura de consciencia, la contención a la verbalización y un gesto mental de receptividad que permite la apertura al momento presente en su dimensión vertical.

El Teatro de los puentes tiene como columna vertebral de su pedagogía teatral transdisciplinaria a la Verticalidad cósmica y consciente.

VII. Puentes Transdisciplinarios y los diferentes *puentes* por construir

Tender puentes entre diferentes saberes es un asunto de relevancia para preservar al género humano que, aunque ha crecido en tecnología, ha perdido —y mucho— en su capacidad de vivir armónicamente con su entorno, incluyendo a sus semejantes.

De cara a este problema han aparecido alternativas que pretenden constituirse en puentes de comunicación. La problemática permanece irresuelta, en gran medida por la soberbia humana y por un afán de competencia que parece interminable, así que la solución para tender puentes empieza desde el *autoconocimiento* y reconociendo el valor relativo de los conceptos.

¿Qué significan las fronteras disciplinares y qué puentes se pueden tender entre ellas? ¿Cómo generar nuevas estrategias y abordajes que permitan relacionar los saberes para su contribución a la construcción de puentes transdisciplinarios, para restablecer los vínculos intra e interpersonales y construir la necesaria comunidad planetaria? Puentes que unan diferentes campos de saber, o sea disciplinas, y a los diferentes seres que componen una colectividad, es decir culturas; puentes para un verdadero diálogo entre los seres humanos, puentes para alcanzar la dimensión poética de la existencia y para vivir el transculturalismo.

La transdiciplinariedad puede reconocerse como "Ciencia y Arte de tender puentes" para una mejor comprensión entre personas y una mejor relación con la naturaleza. Implica una actitud ética de apertura y diálogo, por eso puede tender puentes hacia el equilibrio físico, emocional e intelectual del Sujeto para reconstruir, desde la honestidad y el compromiso, aquellos lazos sociales, ambientales, culturales y afectivos que coloquen a las personas dentro de un entramado de relaciones fundamentales para comprender y fomentar su cuidado integral.

¿Cómo tender puentes entre ciencia y poesía? ¿Entre salud y comunidad?, ¿entre espiritualidad y comunidad?, ¿entre las formas modernas de representación y aquellas que tienen su fuente en las culturas originarias? La investigación tendrá que ser creativa y la percepción tendrá que recibirse con la misma actitud que cuando fuimos niños.

Los puentes transdisciplinarios habrán de conectar todo aquello que la perspectiva disciplinaria ha separado: unas artes con otras, las artes con la comunidad, las artes con la espiritualidad, las artes con las humanidades, las artes con las ciencias, las artes con las técnicas. El reto mayor es cómo establecer la conexión para que no sean solo puentes multi o interdisciplinarios los que se sigan construyendo a fin de mantener el predominio disciplinario.

En la actualidad observamos tres problemas básicos en la formación, investigación y creación artística: el primero tiene que ver con el régimen de experiencia en el que se sitúa el arte y que conduce a una parálisis creativa al responder a los intereses del mercado; el segundo, muy ligado con el primero, está en relación con la falta de espacios en las instituciones de educación superior que propicien la investigación-creación transdisciplinaria y, tercero: el aislamiento con otras áreas de saber —la relación con la tecnología digital es aún incipiente, sobre todo en países como México—.

Por lo tanto, la construcción de puentes implica un permanente ejercicio de cuidado, de acompañamiento afectivo y creativo, sobre todo participativo, donde el principio de inclusión y las prácticas multi-experienciales propias del arte, estén presentes. Habrá que recuperar el sentido de un conocimiento *en vivo* a partir de la diversidad y la convergencia entre las diferentes prácticas artísticas de distintas culturas, para ello será necesario redimensionar el cuerpo, la sensibilidad y lo imaginario.

El *Teatro de los Puentes* habrá de unir: salud, arte y comunidad, ciencia y espiritualidad, Oriente y Occidente, egoísmo y altruismo, afectividad y efectividad, presencialidad y virtualidad, digital y analógico, femenino y masculino, poesía y prosa, formas premodernas, modernas, posmodernas y cosmodernas de representación, verdad y artificio, interior y exterior, acción y no acción, visible e invisible, contemplación y acción, arte y vida, alta cultura y cultura popular y muchas más entidades separadas.

Un ejemplo de puentes transdisciplinarios ya construidos es el Centro de las Artes Indígenas de la comunidad totonaca. La comunidad de artistas totonacos ("artista" para los totonacos es "quien hace lucir las cosas") está constituida por músicos, danzantes, artesanos, representadores, médicos tradicionales, escritores, pintores, videoastas, etcétera que a la par que practican y enseñan sus conocimientos ancestrales se nutren de los actuales y de los provenientes de otras culturas. Pero también Erika Fischer-Lichte en su *Estética de lo Performativo* habla de rebasar las fronteras y David George en *Budismo como Performance* menciona el "eje relacional" que disuelve lo binario a favor de lo que surge entre ellos. Existe pues una intención compartida en diversos contextos.

En suma, entendemos los puentes como diálogos abiertos que, por la inclusión del Tercero incluido en otro nivel de realidad, hacen que se superen las oposiciones entre lenguaje, acciones y realidades; hay una circularidad de causa y efecto y, al reconocernos formando parte del universo, también reconocemos que el universo está en nosotros.

VIII.   Pontífices renacidos

Hacer posible el Teatro de los Puentes no requiere *nuevos hombres o mujeres*, sino *Trans-Sujetos que han nacido de nuevo* por la evolución de su consciencia. Seremos *Pontífices renacidos* pues, como dice Nicolescu en uno de sus Teoremas poéticos: "Pontífices significaba antiguamente constructores de puentes. La era transdisciplinaria será la de los Pontífices" (1994, 115).

En la propuesta de Nicolescu percibimos la confianza de un hombre que cree todavía en la posibilidad de un futuro y que nos señala la vía para alcanzarlo. En eso reside la genuina *actitud transdisciplinaria* que habrán de observar los *Pontífices renacidos*.

IX.   Transactores/Pontífices

Los *Transactores/Pontífices* del Teatro de los Puentes deberán tener presente que su trabajo es permitir que las cosas sucedan, para ello habrán de hacer un vacío que les permita conectar con la energía cósmica y desarrollar su atención a fin de estar siempre presentes, así podrán alcanzar el objetivo del arte y la vida: la "calidad" a la que se refiere Peter Brook:

> Encontramos una ilustración concreta de esto en la música: el paso sonoro de una nota a otra transforma su calidad. Cuando un sonido alcanza el punto más alto de una octava, la nota inicial se produce para comenzar una octava más alta. La nota es la misma, pero colocada en otro nivel, engendra un sentimiento distinto. (1997, 92)

Dicho de otro modo: reconocernos a nosotros mismos como animales sagrados cuya cualidad reside en sobrepasar nuestros propios límites.

Transactores/Pontífices que si bien se asumen como miembros de una cultura no se limitan a ella en su proceso creativo; que al tomar consciencia de su cuerpo entran en contacto consigo mismos y se colocan frente a otro en un tiempo y espacio compartido; que se preguntan cómo conseguir —a través de una concepción transportadora/transformadora del teatro— un estado de presencia/consciencia para un verdadero encuentro entre seres humanos. *Transactores/Pontífices* que proponen y diseñan mecanismos de aceleración y purificación vibratoria para reconectarse con el cosmos, lo cual puede permitir la emergencia del Tercero oculto. *Transactores/Pontífices* que entienden el teatro como la más pura realización de la acción del ser humano.

Para ello es indispensable transitar el camino que nos lleve a conocer nuestras limitaciones, nuestras máscaras y miedos, a conocer/reconocer la unidad mente-cuerpo-espíritu, y a darnos cuenta de que nuestro compromiso es llevarla al óptimo, sin competencia, pues la victoria es alcanzar la conquista de nuestros propios territorios. En suma: auto-observarnos con honestidad y avanzar en esa dirección para poder circular victoriosos sobre el escenario vertical.

En el Teatro de los Puentes el cuerpo es escenario de la articulación física, mental y emocional de los *Transactores/Pontífices* que les permite ampliar su capacidad de percepción o transpercepción y alcanzar un estado de presente absoluto; es fuente de energía, generador de movimiento y medio para todo tipo de relaciones y permite transitar simultáneamente por distintos niveles de realidad.

El Teatro de los Puentes excluye la simulación, no se *finge ser*, se *es*; la organización es autopoiética y se hace ostensión de las reglas y convenciones de la representación, nada se oculta.

En cada momento, los *Transactores/Pontífices* son enfrentados con una opción entre la actuación y la no-actuación, entre una acción visible para los asistentes y una acción invisible vinculada a su vida interior (Nicolescu 2014, 165). Esta es una poderosa imagen a la cual Nicolescu suele referirse: 'el doble espacio de falsa y verdadera sinceridad' que el actor habita (2014, 164); así desvanece varias de las paradojas inherentes en la realización escénica: verdad y artificio; interior y exterior; acción y no acción; visible e invisible (que, desde luego, en la imagen de Brook del "Teatro Sagrado" se manifiesta como 'lo invisible hecho visible'). De hecho, los *Transactores/Pontífices* procuran impregnar cada acción externa con la presencia llena de su alineada 'vida interior'.

X. Más allá de la separación "actores-espectadores"

En el *Teatro de los Puentes* se supera la separación entre realizadores (los que proponen la acción) y asistentes (quienes "asisten", en términos de Brook, —quien a su vez recurre al sentido de la palabra francesa *assistance*—) tradicionalmente considerados como *espectadores*; la convocatoria será a percibir e intervenir libremente a fin de comprender el mundo que nos rodea, de ahí la importancia de la *atención*.

La relación Sujeto-Objeto se transforma en Realizadores-Asistentes que hace que todos sean participantes activos, involucrados psicofísicamente para la emergencia, en el instante vivo, de acontecimientos abiertos a la incertidumbre que toquen el punto de *entanglement* [enredo cuántico] y permitan reconocer y afectar la *latise* [entramado], para que entre realizadores y asistentes logremos un *egregor* [fuerza] de amorosa unidad y poder estimular lo mejor de cada uno. Teatro como umbral, puerta de entrada a una realidad más armoniosa, equilibrada, plena.

XI. La Ética en el *Teatro de los Puentes*

El *Teatro de los Puentes* retoma la Verticalidad cósmica como columna vertebral de una ética universal, construyendo eventos teatrales como respiraderos de emergencia para contrarrestar la asfixia gestionada perversamente a nuestro alrededor. Se trata de plataformas para pulir nuestro enojo, superar nuestro miedo, nuestras frustraciones y resentimientos; es un teatro de acercamiento a nuestra verdad, que nos permite volver a ser lo que somos: sanos, inocentes y contentos.

Con el auto-conocimiento, el contacto con saberes ancestrales, la búsqueda por trascender los límites disciplinares, la experiencia de vivir en conexión con todo lo que existe cada uno puede encontrar "su lugar", sin desear el que no le corresponde.

El *Teatro de los Puentes* fomenta la ética de la diversidad y de la comprensión, es decir, vivir la ética en una intercambio dialógico entre egocentrismo y altruismo, pero, principalmente, como un acto de religación con el próximo, con la comunidad, con la sociedad y con la especie humana. Una auto-ética constituida por la ética de tolerancia, de libertad, de fidelidad para la amistad y el amor.

XII.   El *Teatro de los Puentes* Transcultural y Transreligioso

Las interacciones entre teatro, cultura y religión han existido desde la antigüedad, sin embargo el *Teatro de los Puentes* es Transcultural y Transreligioso.

El universo acoge a blancos, negros, amarillos, morenos, albinos y anexas; ricos o pobres, y si nos damos cuenta realmente de quiénes somos desaparecen las diferencias relativas y aparece la consciencia de unidad real.

El teatro *transcultural*, por un lado, nos abre al análisis de la realidad desde la perspectiva cuántica: Sujeto–Objeto–Tercero oculto; y el teatro *transreligioso*, por otro, a la recuperación de la estructura original del rito, es una propuesta que invita la las personas y al ecosistema a la creatividad transformadora. El ritual es el centro generador del convivio, la existencia de interconexiones sutiles y universales entre todos los eventos y niveles de organización de la realidad son perfectamente compatibles con la visión sagrada milenaria.

La razón, predominante en la modernidad, produjo la cultura de la racionalización que confundió lo *sagrado* con la creencia en una determinada religión, de ahí que lo rechazara. Sin embargo, lo *sagrado* es *lo que religa*. El Teatro de los Puentes busca *religar*.

La modernidad propició la pugna entre el *homo religiosus* y el *homo economicus*. De ahí la urgencia de promover un diálogo de culturas y religiones para evitar enfrentamientos que pueden ser devastadores, se trata de un proceso *apofático* que permita comprender que la realidad es un misterio.

Tenemos que reencontrar el espíritu *apofático* donde el teatro, como poesía del espacio y del tiempo, coadyuve a través de su acción escénica *transcultural y transreligiosa* a que nos acerquemos a la Verticalidad cósmica para compartir el asombro, el terror: la fiesta de estar vivos.

Por medio de la consciencia de la respiración puede cambiar nuestra mentalidad. Si estamos en contacto con nuestra respiración se establece la conexión con la espiritualidad. Los eventos transteatrales del *Teatro de los Puentes* tendrán en su poder la fibra más fina de la estructura espiritual del ser humano, es decir, la *convocación al instante vivo*.

La *Dimensión espiritual* hace que emerjan saberes de carácter transdisciplinario que la ciencia moderna ignora: la geometría del cosmos entre los aztecas, la estructura vertical del universo maya, la cosmovisión totonaca que se manifiesta en el ritual de los voladores y la cosmología vertical hindú, por ejemplo.

Cada uno puede tener una cultura y una religión diferente, pero la luz es la misma para todos y eso nos hace a todos iguales. Al cruzar el puente con la misma luz podremos sentir plenamente nuestra humanidad conectada con todos: los presentes y los ausentes, y entrar en la zona de transparencia absoluta.

Percibir cuando surge un silencio particular o la belleza del instante produce infinita emoción que hace sentirse parte de un solo ser. Esa transpercepción puede permitir la ampliación de nuestra consciencia y de nuestra relación viva con el cosmos.

El *Teatro de los Puentes* transcultural y transreligioso pone en el centro la humana condición en toda su complejidad y se sitúa entre, a través y más allá de la representación, pero también de lo político, de lo religioso, de lo estético y de lo cultural, porque nuestra *realidad* como sujetos es más de la que vivimos como individuos o *cuerpo social*.

El teatro, la religión más antigua de la humanidad, es también la religión más prostituida. Sin embargo, contiene en sus entrañas el *gen* de un linaje que continuamente se manifiesta en su pureza anti-institucional. Como lo señalaba Grotowski: en el teatro aparecen, se formulan, se anuncian las grandes transformaciones de la consciencia humana.

Estamos en el momento de una *Sacralidad secular* digamos, de una religión personal, de un contacto directo con lo sagrado, sin intermediarios. Las religiones sectarias tienden a desaparecer y se difunde entre nosotros una sensibilidad cósmica, un sentimiento de contacto personal con lo innombrable, sin necesidad de consolidarlo en iglesia, grupo o partido, una religiosidad sin rostro definido: *trans*, una consciencia de algo universal que nos une, sin ser patrimonio de secta o grupo alguno.

El teatro, el auténtico linaje teatral ha sido un instrumento de contacto con estos contenidos, vacunado contra la tentación de perpetuarse, o de lucrar prostituyéndose como negocio.

El *Teatro de los Puentes* es una posibilidad de libertad interior que nos religa con el universo de manera incondicional.

XIII. Lo Comunitario en el *Teatro de los Puentes*

La tradición y lo comunitario otorgan cohesión y sentido al *Teatro de los Puentes*. Estar alineado con los principios de la comunidad implica mantener la equidad, la proporcionalidad y la Verticalidad, de este modo los proyectos pueden ser viables y sostenibles.

La fiesta, espacio primordialmente comunitario, es el momento propicio para el *Teatro de los Puentes*, pues está presente en cualquier celebración de carácter lúdico-festivo. Es un medio para conjurar actos que tienden a destruir los vínculos conviviales comunitarios contribuyendo al conocimiento, preservación y regeneración de las más valiosas tradiciones como expresión de la humana condición.

El *Teatro de los Puentes* hace de los espacios sagrados y profanos comunitarios lugares de fiesta y reencantamiento.

XIV.   Las tres T: Tránsito, Transportación y Transformación

Si uno de los fundamentos del rito es la transportación/transformación, en el Teatro de los Puentes se requiere la conjunción de las tres T:

Tránsito por los diferentes niveles de realidad, ese es el escenario, esa es la vida. Tránsito por los niveles: individual, como sujetos que afirmamos nuestra libertad, frente a otros cuya libertad es abolida; social, como miembros de una comunidad que aspira a vivir sin guerras, sin ser sometida por poderes totalitarios; y planetario, como expresión del destino común, de la urgencia de universalizar valores comunes, de extender la solidaridad humana.

Transportación en el espacio, y en este proceso de tiempo me transformo; comienzo en un punto, con un estatus, y termino en otro, transformado.

Transportación física e interna de los participantes en el *Teatro de los Puentes* que terminará provocando una transformación, siempre y cuando el proceso se realice con una mente atenta, abierta, despierta y en su esencial inocencia. Una especie de *sacralidad secular* que nos permite dar un salto de consciencia para seguirle el paso a la velocidad y al sentido del baile del universo.

Tránsito–Transportación–Transformación: viaje transdisciplinario que se define como Verticalidad cósmica. Columna vertebral de la energía y flujo de salud y fuerza constante. Se requiere entonces de un Tránsito–Transportación–Transformación mental-espiritual y conectar con la investigación tradicional practicada por los pueblos originarios que, desde lo sagrado, ha generado saberes que mantienen la coherencia sutil del universo.

XV. El *Teatro de los Puentes* y el "despertar"

La consciencia parece ser el factor adicional que permite el despegue de aquella pista de aterrizaje y despegue que hace posible la Verticalidad. Al respecto Grotowski nos dice: "La consciencia quiere decir el conocimiento que no está unido al lenguaje (la máquina del pensamiento), sino a la presencia" (125). Para que los actos performativos generen estados psicofísicos que permitan al acceso a diferentes niveles de realidad se requiere una actitud que cambie la atención del plano horizontal-temporal a la atención de una presencia llena en el momento. Las impresiones, solo perceptibles si estamos despiertos, son el mejor alimento para la consciencia.

El *Teatro de los Puentes* trabaja para lograr la afinación de nuestra intención mental con tal precisión que nuestros pensamientos puedan convertirlo en un manantial de resonancias cósmicas.

XVI. El *Teatro de los Puentes* y el Reencantamiento del mundo

El mundo actual monetarizado, cronometrado, parcelizado, compartimentado y atomizado es un mundo desencantado. Nuestro vivir cotidiano carece de sentido poético. La efectividad predomina sobre la afectividad.

El *Teatro de los Puentes* pretende *reencantar* por su sencillez y humildad, convertirse en alimento de primera calidad para el espíritu.

Relacionar entre sí, o mejor aún trascender las prácticas escénicas premodernas, modernas y posmodernas de manera que permita a realizadores y asistentes transitar por diferentes niveles de realidad y propiciar el "reencantamiento del mundo"[48]—donde cada uno sea su propia flor y su propio canto *In Xochitl In Cuicatl*— es el propósito del *Teatro de los Puentes*.

El *Teatro de los Puentes* busca unir todo aquello que nos mantiene separados: de uno mismo, de los otros, de la naturaleza y del cosmos. Admite las contradicciones y trasciende el binarismo, pues es con la participación de todos, sin exclusiones, que habrá de emerger el *Mundo incluyente y justo* que fomente la comprensión y el convivio.

El teatro que fisiona, rompe, aísla, provoca sentimientos egoístas y fomenta las más bajas pasiones, es un teatro que lastima,

---

[48] Tanto en la perspectiva ecológica de Morris Berman, como en la performática de Erika Fischer-Lichte (2011).

desintegra, nos vuelve sufrientes y resentidos, nihilistas y rotos, divididos, dispuestos al odio, circulando en el laberinto del sinsentido. Un teatro que fusiona, en cambio, conecta, reteje nuestro sentimiento de unidad, es un teatro auspicioso que nos permite descubrirnos integrados, ensamblados con el universo, contentos y dispuestos al contacto. Un teatro de fusión transdisciplinario es un teatro que canta y reencanta.

Entre 1976-82 el maestro polaco Jerzy Grotowski realizó su proyecto del Teatro de las Fuentes, gracias al cual el teatro Occidental recuperó su capacidad de entrar en contacto tanto con *las Fuentes* antiguas como con la propia *Fuente*.

Hoy, nosotros planteamos la necesidad de ir más allá del Teatro de las Fuentes y crear el Teatro de los Puentes basados en nuestro trabajo cotidiano y fortalecidos por la perspectiva Transdisciplinaria.

Los puentes invisibles que estamos interesados en diseñar y realizar en distintas partes del mundo a través de experiencias performativas son humanos e intrahumanos, ecológicos y cosmológicos; múltiples e infinitos y —en un mundo en creciente división y desunión— esenciales para nuestra supervivencia.

Los arcos del *Teatro de los Puentes* cruzan a través de un amplio campo performativo, denominado Transteatro, que incluyen el Performance basado en *Mindfulness*, el Teatro Sagrado y Ritual, el Performance contemplativo, el Teatro Comunitario, el Teatro Antropocósmico y todos aquellos experimentos teatrales humanos nacidos de lo profundo del ser que tocan y transforman vidas.

Grotowski recuperó nuestro camino de retorno a *La Fuente*. Ahora es nuestro turno para restaurar puentes resilientes inmunizados frente a la rigidez, las ortodoxias y los fundamentalismos; puentes invisibles en constante transformación; puentes del instante vivo que nos sostengan mientras los cruzamos y desaparezcan cuando lleguemos a la otra orilla.

Damos la bienvenida a este *Teatro de los Puentes* transcultural y transreligioso que hará expandir nuestra consciencia.

Hacia el Teatro de los Puentes[49]

Proponemos un Teatro de los Puentes
un teatro que traspasa la distancia entre nosotros
Nosotros que alguna vez fuimos
energías iridiscentes
entretejidas y enlazadas
ahora estamos distanciados, divididos
ebrios en la ilusión de la separación
viendo doble
y creyendo que no somos el mismo

Proponemos construir puentes
en todas direcciones
hacia todas las dimensiones
Un teatro de encuentro, de conexión
Una poética de transportación y transformación

Proponemos un cruce de fronteras
desdibujar los límites
quitar las alambradas
colocar un camino de piedras en el lecho del río
Proponemos una travesía
por el camino sin camino

Hay puentes invisibles
que conectan, que se curvan
y se arquean hacia la vida interior
puentes que son escaleras
cruzando el cosmos
puentes mordiéndose la cola

---

[49] A partir de las experiencias compartidas y de los principios del *Teatro de los Puentes* la poeta Deborah Templeton elaboró este poema.

Proponemos conocernos
en el alto vértigo
entre y más allá
del espacio

Proponemos un Teatro de los Puentes
que atraviese el vasto océano de estrellas
al que pertenecemos.

Deborah Templeton
(Traducción Helena Guardia)

BIBLIOGRAFIA

Bibliografía general

Adame, Domingo y Antonio Gómez Yepes. *Conocimiento en vivo. Una experiencia desde la transdisciplinariedad*. Xalapa: Edición de autor, 2017.

---. (coord.) y Antonio Prieto (ed.) *Jerzy Grotowski. Miradas desde Latinoamérica*. Xalapa: Universidad Veracruzana, 2015.

---. Antonio Gómez Yepes y Enrique Vargas Madrazo. «Transdisciplinary Education: Self Knowledge and Quality of Being» The ATLAS, Vol. 6, (2015): 52-63.

---. *Teatros y teatralidades en México*. Xalapa: Asociación Mexicana de Investigación Teatral, 2004.

---. *Elogio del oxímoron. Introducción a las teorías de la teatralidad*. Xalapa: Universidad Veracruzana, 2005.

---. *Las enseñanzas de Rodolfo Valencia. Teatro y Vida*. Xalapa: Facultad de Teatro/Universidad Veracruzana, 2008.

---. "Experiencia trans-escénica y transcultural en El Tajín". En Adame, Domingo (Coord.) *Actualidad de las artes escénicas. Perspectiva latinoamericana*. Xalapa: Universidad Veracruzana, 2009a. 150-167.

---. *Conocimiento y representación. Un reaprendizaje hacia la Transteatralidad*. Xalapa: Facultad de Teatro/Universidad Veracruzana, 2009b.

---. "Grotowski y el cambio de mirada en el teatro latinoamericano". En *Jerzy Grotowski. Miradas desde Latinoamérica*. Xalapa: Universidad Veracruzana, 2011a.

---. "La reconceptualización del teatro más allá de los límites disciplinares". *Investigación Teatral* Vol. 1, Núm. 1 Primavera (2011b): 23-41.

---. "De la ritualidad a la Transteatralidad en el teatro de entre siglos en México". En Aracil, Beatriz Ferris, José Luis y Mónica Ruiz (eds.) *América Latina y Europa. Espacios compartidos en el teatro contemporáneo*. Madrid: Visor, 2015: 417-431.

---. "Théâtre et Tiers Caché". En Nicolescu, Basarab (dir.) *Le Tiers Caché dans les differents domaines du conaissance*. Paris: Le Bois d´Orion, 2016. 111-130.

---. (Coord.). *Artes Escénicas y Universidad en el Siglo XXI*. Xalapa: Universidad Veracruzana, 2015. 13-25.

---. "Cuerpo y transdisciplinariedad: fundamentos para una transpoética escénica". En Fediuk, Elka y Prieto Antonio (eds.) *Corporalidades escénicas. Representaciones del cuerpo en el teatro, la danza y el performance*. Xalapa: Universidad Veracruzana, 2016. 131-148.

Alcántara, José Ramón. *Textralidad. Textualidad y teatralidad en México*. México: Universidad Iberoamericana, 2010.

Artaud, Antonin. *El teatro y su doble*. Buenos Aires: Sudamericana, 1987.

Attar, Farid Uddin. *El lenguaje de los pájaros*. Barcelona: Edicomunicación, 1978.

Bardini, Roberto. "El hombre Prometeo". *El Día*, 30 de marzo, 1977.

Baudrillard, Jean. *De la seducción*. México: Red Editorial Iberoamericana, 1997.

Berman, Morris. *El reencantamiento del mundo*. Santiago de Chile: Cuatro vientos, 2001.

Bharucha, Rustom. *Theatre and the World, Performance and the Politics of Culture*. London: Routledge, 1993.

Bonfil Batalla, Guillermo. *México Profundo*. México: Grijalbo, 1987.

Brasseur de Bourboug, Charles E. *Grammaire Quichée et le drame de Rabinal Achí. Collection de documents dans les langues Indigenas de l´Amérique ancienne*. Vol. 2. Paris: A. Bertrand, 1862.

Breton, André. *Nadja*. Paris: Gallimard, 2007,

Brook, Peter. *El espacio vacío. Arte y técnica del teatro*. Barcelona: Península, 1986.

---. "Una dimensión diferente: La Calidad". En Panafieu, Bruno de (comp.). *Gurdjieff*. Caracas: Ganesha, 1997. 90-97.

Burns, Elizabeth. *Theatricality. A. Study of Convention in the Theatre and in Social Life*. London: Longman, 1972.

Calderón de la Barca, Pedro. *Teatro*. México: Conaculta/Océano, 1999.

Campbell, Joseph. *El héroe de las mil caras*. México: FCE, 1985.

Cantalapiedra, Fernando. "Teatralidad, Transteatralidad y enunciado teatral". *Teatro: Revista de estudios teatrales*. (1998): 13-14.

Capra, Fritjof. *La trama de la vida*. Barcelona: Anagrama, 2006.

Castaneda, Carlos. *Pases Mágicos*. Buenos Aires: Atlántida, 1998.

De Marinis, Marco. *Comprender el teatro, Lineamientos para una nueva teatrología*. Buenos Aires: Galerna, 1998.

Derrida, Jacques. *Derrida para principiantes*. Buenos Aires: Era Naciente SRL, 1997.

Dominguez, Michael Christopher. *Octavio Paz en su siglo*. México: Aguilar, 2014.

Dubatti, Jorge. *Cien años de teatro argentino. Desde 1910 a nuestros días*. Buenos Aires: Biblos-Fundación OSDE, 2012.

Eco, Umberto. "El signo teatral". *Semiosis*, Núm. 1. 19. (1987): 129-137.

Einstein, Albert. *La teoría de la relatividad*. México: Alianza Editorial, 1973.

Eliade, Mircea. *Tratado de historia de las religiones*. México: Era, 1964.

Evreinov, Nicolás. *El teatro en la vida*. Buenos Aires: Leviatán, 1956.

Féral, Josette. "La théatralité: recherche sur la spécifité du langage théatrical", *Poétique*, Núm 75. FIAF (1988): 347-361.

Fischer-Lichte, Erika. "Las tendencias interculturales en el teatro contemporáneo". En Patrice, Pavis y Guy Rosa (comp.) *Tendencias culturales y práctica escénica*. México: Gaceta, 1994.

---. *Semiótica del teatro*. Madrid: Arco/Libros, 1999.

---. *Estética de lo performativo*. Madrid: Abada Editores, 2011.

Frischmann, Donald. "Transformación y trascendencia en el arte ritual y escénico de los mayas peninsulares". *Investigación Teatral* 5 (2004): 9-20.

Gadamer, H.G. *Arte y verdad de la palabra*. Barcelona: Paidós, 1993.

Gebauer, Gunter y Christoph Wolf. *Mimesis. Culture, Art, Society*. Berkley: University of California Press, 1995.

Genette, Gerard. *Palimpsestes: la littératura au second degré.* Paris: Editions du Seuil, 1982.

George, David E.R. Buddhism as/in Performance. Analysis of Meditation and Theatrical Practice. New Delhi: D.K. Printworld (P) Ltd. (Second impression), 2011.

Gorostiza, José. *Poesía.* México: Fondo de Cultura Económica, 1964.

Greer, M. Steven, M. D. *Disclosure.* Crozet: Crossing Point, Inc. 2001.

Griffero, Ramón. "En busca del alfabeto escénico". En Adame. Domingo, (Coord.). *Artes escénicas y Universidad en el siglo XXI.* Xalapa: Universidad Veracruzana, 2015.

Grotowski, Jerzy. *Hacia un teatro pobre.* (Trad. Margo Glantz). México: Siglo XXI (5ª ed.), 1976.

Herrera, Flores, Iván. *Rodolfo Valencia en el Teatro. Su Trabajo y su Método*, Tesis de Licenciatura. Facultad de Filosofía y Letras. México: UNAM, 2006.

Keleman, Stanley. *El proceso de la persona.* Madrid: Narcea, 1987.

Laplantine, F. *Mestizajes. De Arcimboldo a zombie.* Buenos Aires: Fondo de Cultura Económica, 2007.

Larrue, Jean Marc. «Théâtre et intermédialité. Une rencontre tardive». *Intermédialités: histoire et théorie des arts, des lettres et des techniques / Intermediality: History and Theory of the Arts. Literature and Technologies.* Núm. 1.12. (2008): 13-29.

Lehmann, Hans-Thies. *Le theater posdramatique.* Paris: L'arche, 2010.

León Portilla, Miguel. *Filosofía náhuatl.* México: UNAM, 1963.

Machado, Antonio. *Campos de castilla* (1ª. ed. 2012). Madrid: Cátedra, 2008.

Maturana, Humberto y Susana Bloch. *Biología del emocionar y Alba Emoting.* Santiago de Chile: Dolmen ensayo/Océano, 1996.

McLuhan Marshall. *El medio es el mensaje.* Buenos Aires: Paidós, 1997.

Middleton, Deborah. "Sacralidad secular en el teatro ritual del Taller de Investigación Teatral de la UNAM". En Adame, Domingo (coord.) y Antonio Prieto (ed.) *Jerzy Grotowski. Miradas desde Latinoamérica.* Xalapa: Universidad Veracruzana, 2011: 109-127.

Moraru, Christian. *Cosmodernism: American Narrative, Late Globalization, and the New Cultural Imaginary*. Ann Arbor: University of Michigan Press, 2011.

Morin, Edgar. *Tierra patria*. Barcelona: Kairos, 1993.

---. *Método I. La naturaleza de la naturaleza*. Madrid: Cátedra, 1999.

---. *Método II. La vida de la vida*. Madrid: Cátedra, 2002.

---. *Introducción al pensamiento complejo*. Barcelona: Gedisa, 2003a.

---. *Método V. La humanidad de la humanidad*. Madrid: Cátedra, 2003b

---. *El método 6. Ética*, Madrid: Cátedra, 2006.

---. *Método III. El conocimiento del conocimiento*. Madrid: Cátedra, 2006.

Nicolescu, Basarab. *Téoremes poétiques*. Monaco: Editions du Rocher, 1994.

---. *Manifesto of Transdisciplinarity*. Translate from the French by Karen-Claire Voss. New York: State University of New York Press, 2002.

---. *El manifiesto de la transdisciplinariedad*. Trad. Mercedes Vallejo. Hermosillo: Multiversidad Mundo Real Edgar Morin, A.C. 2009a.

---. *Qu'est-ce que la réalité? Réflections autour de l'œuvre de Stéphane Lupasco*. Montréal: Liber, 2009b.

---. "La idea de niveles de Realidad y su relevancia para comprender a la no-Reducción y a la Persona". En Núñez, Cristina *et. al.* (comp.). *Transdisciplinariedad y Sostenibilidad. Encuentro con Basarab Nicolescu*. Xalapa: Universidad Veracruzana/Editores de la Nada, A.C. 2011a.

---. "Peter Brook y el pensamiento tradicional". *Investigación Teatral* Vol. 1/Núm 2, (2011b): 9-41.

---. *Teoremas poéticos*. Madrid: Siglo XXI-Salto de Página, 2013.

---. *From Modernity to Cosmodernity*. New York: State University of New York, 2014.

Núñez, Nicolás. *Teatro antropocósmico*. México: SEP, 1987.

---. "Trans-teatro". En Domingo Adame (Coord. y ed.), *Actualidad de las artes escénicas. Perspectiva Latinoamericana*. Xalapa: Facultad de Teatro/Universidad Veracruzana, 2009. 144-149.

---. "De *El príncipe constante* a *Esclavo por su patria*". En Domingo Adame (coord.) y Antonio Prieto (ed.) *Jerzy Grotowski. Miradas desde Latinoamérica*. Xalapa: Universidad Veracruzana, 2011b. 133-142.

---. "Una Pedagogía Teatral Transdisciplinaria". En Adame, Domingo (coord.) Artes escénicas y Universidad en el Siglo XXI. Xalapa: AMIT-Universidad Veracruzana, 2015. 187-189.

Olguín, David. "¡Hasta que por fin vino alguien a descubrirme!", *Los enemigos*, (programa). México: Compañía Nacional de Teatro/INBA, 1989.

Ortega y Gasset, José. *La rebelión de las masas*. Barcelona: Planeta, 1985.

Panafieu, Bruno de. *Gurdjieff*. Caracas: Ganesha, 1997.

Pavis, Patrice. *Tendencias culturales y práctica escénica*. Gaceta: México, 1994. 325-347.

Paz, Octavio. *El laberinto de la soledad*. México: FCE. 1997.

---. *Piedra de Sol*. México: Fondo de Cultura Económica, 2008.

Pérez Tamayo, Ruy. *Personas y personajes*. México: Fondo de Cultura Económica, 2012.

Prieto, Antonio. "¡Lucha libre! Actuaciones de teatralidad y performance". En Adame, Domingo (coord. y ed.) *Actualidad de las artes escénicas. Perspectiva latinoamericana*. Xalapa: Universidad Veracruzana, 2009. 116-143.

---. "Performance y teatralidad liminal. Hacia la represent-acción" en *Investigación teatral* (Primera época) Núm. 12, julio-diciembre (2007): 21-33.

Rodríguez, José Antonio. *Universo*, Universidad Veracruzana 10 de octubre. 2011.

Schumacher, E. F. *Lo pequeño es hermoso*. Madrid: Unigraf, 1978.

Schechner, Richard. *Performance Studies. An Introduction*. London and New York: Routledge, 2002.

Serna, Enrique. *Ángeles del abismo*. México: Joaquín Mortiz, 2004.

Shevtsova, Maria. *Theatre and Cultural Interaction*. Sydney: University of Sydney, 1993.

Stanislavsky, Konstantin. *Selected Works*. Moscú: Raduga Publishers, 1984.

Thoreau, Henry D. *Desobediencia civil y otros escritos*. México: Alianza Editorial, 1987.

Turner, Victor. *From Ritual to Theatre*. Nueva York: Performing Arts Journal Publications, 1982.

Uriarte Arciniega, Juan de Dios. "La perspectiva comunitaria de la resiliencia". *Psicología Política*, No 47, (2013): 7-18.

Usigli, Rodolfo. "El Gesticulador". *Teatro completo*. México: Fondo de Cultura Económica, 1979.

---. *Teatro Completo III*. México: Fondo de Cultura Económica, 1979.

---. "Las máscaras de la hipocresía". En Bartra, Roger. *Anatomía del Mexicano*. México: Plaza&Janés, 2002.

Valencia, Rodolfo. "Lenguaje literario y lenguaje teatral". En *La literatura dramática y el teatro hoy. Memorias del coloquio*. México: Facultad de Filosofía y Letras, UNAM. 1995. 19-25.

---. "El cuerpo del actor" (Conferencia) en Herrera, Iván. *Rodolfo Valencia en el Teatro. Su trabajo y su Método* (Tesis de Licenciatura en Literatura Dramática y Teatro), México: UNAM, 2006.

Vargas Llosa, Mario. *La civilización del espectáculo*. México: Alfaguara, 2012.

Varios. *El arte de ser totonaca*. Xalapa: Gobierno del Estado de Veracruz-DIF, 2008.

Páginas web

Baczynska, Beata. "Espacio teatral áureo y prácticas escénicas del siglo XX. Observaciones al margen de los montajes polacos de *El Príncipe Constante de Calderón*". En AISO. Actas III (1993): 47-55. Disponible en: http://cvc.cervantes.es/literatura/aiso/pdf/03/aiso_3_2_007.pdf . Consultado el 1 de septiembre de 2012.

Camus, Michel. 1998. "Paradigme de la Transpoésie ". *Bulletin interacif du Centre Internationale de Recherches et Études Transdisciplinaires*, n° 12. En línea, revisado 9 de agosto 2012. Disponible en: http://ciret-transdisciplinarity.org/bulletin/b12c6es.php

De Ita, Fernando. 2009. Núm. 1. 'Teatro de alto riesgo'. Disponible en: http://www.teatromexicano.com.mx/revista/articulo.php?id=59

Dubatti, Jorge. "Teatralidad y cultura actual: la política del convivio teatral" en *Dramateatro* 12. 15 de abril (2012). Disponible en: http://www.dramateatro.com/ensayos/n12/dubatti_web.htm

Findlay, Robert y Halina Filipowicz. *El teatro laboratorio de Grotowski, disolución y diáspora*. Trad. Raúl Bravo Aduna. Disponible en: http://cuadrivio.net/2012/04/el-teatro-laboratorio-de-grotowski-disolucion-y-diaspora/

Goring Kepner, Christine. *El tema de la constancia en dos obras religiosas de calderón*. Disponible en: https://spu.edu/orgs/nacfla/paper014.doc

Guzmán Wolffer, Ricardo. 2011. "Violencia e identidad" en "La Jornada semanal" Domingo 23 de octubre de 2011 Núm: 868. Disponible en:
 http://www.jornada.unam.mx/2011/10/23/sem-ricardo.html.

Ortiz Castañares, Alejandra. "Milán despide a Dario Fó, el Molière del tercer milenio". *La Jornada*. Disponible en:
Cultura.http://www.jornada.unam.mx/2016/10/16/cultura/a02n1cul.

Soares, Oldair. 2010. "A experiência de comunicação e linguagem de um espetáculo teatral para a compreensão do olhar sobre a transdisciplinaridade". Disponible en:
ammom- trans@ig.com.brwww.ammom.cjb.net.

Otras publicaciones de Argus-*a*:

Yaima Redonet Sánchez
Un día en el solar, expresión de la cubanidad de Alberto Alonso

Gustavo Geirola
Dramaturgia de frontera/Dramaturgias del crimen.
A propósito de los teatristas del norte de México

Virgen Gutiérrez
Mujeres de entre mares. Entrevistas

Ileana Baeza Lope
Sara García: ícono cinematográfico nacional mexicano, abuela y lesbiana

Gustavo Geirola
Teatralidad y experiencia política en América Latina (1957-1977)

Domingo Adame
Más allá de la gesticulación. Ensayos sobre teatro y cultura en México

Alicia Montes y María Cristina Ares (compiladoras)
Cuerpos presentes. Figuraciones de la muerte, la enfermedad, la anomalía y el sacrificio.

Lola Proaño Gómez y Lorena Verzero / Compiladoras y editoras
Perspectivas políticas de la escena latinoamericana. Diálogos en tiempo presente

Gustavo Geirola
Praxis teatral. Saberes y enseñanza. Reflexiones a partir del teatro argentino reciente

Alicia Montes
De los cuerpos travestis a los cuerpos zombis. La carne como figura de la historia

Lola Proaño - Gustavo Geirola
¡Todo a Pulmón! Entrevistas a diez teatristas argentinos

Domingo Adame y Nicolás Núñez

Germán Pitta Bonilla
La nación y sus narrativas corporales. Fluctuaciones del cuerpo femenino en la novela sentimental uruguaya del siglo XIX (1880-1907)

Robert Simon
To A Nação, with Love: The Politics of Language through Angolan Poetry

Jorge Rosas Godoy
Poliexpresión o la des-integración de las formas en/desde La nueva novela *de Juan Luis Martínez*

María Elena Elmiger
DUELO: Íntimo. Privado. Público

María Fernández-Lamarque
Espacios posmodernos en la literature latinoamericana contemporánea: Distopías y heterotopíaa

Gabriela Abad
Escena y escenarios en la transferencia

Carlos María Alsina
De Stanislavski a Brecht: las acciones físicas. Teoría y práctica de procedimientos actorales de construcción teatral

Áqis Núcleo de Pesquisas Sobre Processos de Criação Artística Florianópolis
Falas sobre o coletivo. Entrevistas sobre teatro de grupo

Áqis Núcleo de Pesquisas Sobre Processos de Criação Artística Florianópolis
Teatro e experiências do real (Quatro Estudos)

Gustavo Geirola
El oriente deseado. Aproximación lacaniana a Rubén Darío.

Gustavo Geirola
Arte y oficio del director teatral en América Latina. Tomo I México - Perú

Transsteatro

Gustavo Geirola
Arte y oficio del director teatral en América Latina. Tomo II. Argentina – Chile – Paragua – Uruguay

Gustavo Geirola
Arte y oficio del director teatral en América Latina. Tomo III Colombia y Venezuela

Gustavo Geirola
Arte y oficio del director teatral en América Latina. Tomo IV Bolivia - Brasil - Ecuador

Gustavo Geirola
Arte y oficio del director teatral en América Latina. Tomo V. Centroamérica – Estados Unidos

Gustavo Geirola
Arte y oficio del director teatral en América Latina. Tomo VI Cuba- Puerto Rico - República Dominicana

Gustavo Geirola
Ensayo teatral, actuación y puesta en escena. Notas introductorias sobre psicoanálisis y praxis teatral en Stanislavski

Argus-*a*
Artes y Humanidades / Arts and Humanities
Los Ángeles – Buenos Aires
2018

www.ingramcontent.com/pod-product-compliance
Lightning Source LLC
Chambersburg PA
CBHW020653220526
45464CB00001B/422